博士后发展年度研究报告
2018

姚云 方芳 刘雪倩 等著

学苑出版社

图书在版编目（CIP）数据

博士后发展年度研究报告.2018/姚云等著.—北京：学苑出版社，2019.5

ISBN 978-7-5077-5648-7

Ⅰ.①博… Ⅱ.①姚… Ⅲ.①博士后—发展—研究报告—中国 Ⅳ.①G644.8

中国版本图书馆 CIP 数据核字（2019）第 087044 号

责任编辑：任彦霞
出版发行：学苑出版社
社　　址：北京市丰台区南方庄 2 号院 1 号楼
邮政编码：100079
网　　址：www.book001.com
电子信箱：xueyuanpress@163.com
联系电话：010-67601101（营销部）、010-67603091（总编室）
印　　刷：北京虎彩文化传播有限公司
开本尺寸：710mm×1000mm　　1/16
印　　张：9.75
字　　数：133 千字
版　　次：2019 年 5 月第 1 版
印　　次：2019 年 5 月第 1 次印刷
定　　价：45.00 元

本书得到"国家自然科学基金资助项目——中国博士后战略发展与改革研究（项目批准号：71273034）"和"北京师范大学教育学部2019年度学科建设综合专项资金"资助。

目 录

第一章 我国博士后发展年度研究总报告 (1)

第一节 博士后制度政策新发展 (1)
一、项目介绍 (2)
二、简评 (4)

第二节 我国博士后年度招收与出站 (5)
一、我国博士后历年招收与出站规模分析 (5)
二、博士后招收人数的人口学特征分析 (11)
三、我国博士后招收外籍与留学回国人数年度分析 (13)

第三节 我国博士后科学基金资助 (19)
一、我国博士后科学基金2017年度资助 (19)
二、我国博士后科学基金2015—2017年度资助 (20)

第二章 各省、自治区、直辖市博士后发展年度研究分报告 (22)

第一节 各省（区、市）博士后发展年度新动向 (22)
一、博士后管理与服务工作新调整 (22)
二、博士后人才招收和引进新动向 (27)
三、博士后年度创新实践基地和科研转化基地新动向 (29)
四、博士后年度资助新动向 (32)

第二节 各省（区、市）博士后年度招收 (35)
一、各省（区、市）博士后年度招收增量分析 (35)
二、各省（区、市）博士后年度招收变化分析 (39)

第三节 我国博士后科学基金省市年度资助 (47)

一、各省市博士后获得年度基金资助情况 …………………… (47)
　　二、东、中、西部各批次资助经费分布情况 ………………… (51)

第三章　博士后创新人才支持计划实施满意度调查报告 ………… (63)
　　一、引言 …………………………………………………………… (63)
　　二、研究工具与过程 ……………………………………………… (64)
　　三、调查结果 ……………………………………………………… (67)
　　四、讨论与分析 …………………………………………………… (91)
　　五、结论与建议 …………………………………………………… (96)

第四章　博士后制度年度研究成果报告 …………………………… (100)
　第一节　文献来源及分布 …………………………………………… (100)
　第二节　文献内容综述 ……………………………………………… (101)
　　一、博士后队伍建设及培养 ……………………………………… (101)
　　二、博士后资助 …………………………………………………… (105)
　　三、博士后管理 …………………………………………………… (107)
　　四、博士后制度及政策 …………………………………………… (109)
　第三节　文献研究特点 ……………………………………………… (111)

附录1　国务院办公厅关于改革完善博士后制度的意见 ………… (115)
　　2　2017年度中国博士后发展大事记 …………………………… (122)
　　3　博士后管理工作规定 ………………………………………… (137)

后　记 ………………………………………………………………… (147)

第一章
我国博士后发展年度研究总报告

第一节 博士后制度政策新发展

2017年度,我国博士后制度的国家政策变动不大,更多的是在贯彻《国务院办公厅关于改革完善博士后制度的意见》(国办发〔2015〕87号)文件精神时,各地和高校结合实际,对原有博士后相关政策进行调整。由于各地和高校实际情况不一,出台的博士后制度政策有些差别,但共同点是都采取措施加快博士后制度建设,因地制宜对博士后实施新的资助政策。

本节以北京大学为例来分析大学是如何贯彻落实《国务院办公厅关于改革完善博士后制度的意见》的。

《北京大学关于进一步加强博士后队伍建设的意见》的出台,旨在吸引汇聚全球优秀年轻人才来校从事博士后研究工作,成就学术卓越的梦想。该项目为年轻的研究人员从事基础与应用科学、社会科学、人文、管理科学、工学和教育学等领域的博士后研究提供了机会,北京大学决定于2016年11月启动"博雅"博士后项目(Boya Postdoctoral Fellowship),2017年开始实施。为了更好和全面了解北京大学"博雅"博士后项目,2017年和2018年的项目实施合并介绍。

一、项目介绍（北京大学人事部博士后办公室，《北京大学 2018 年博雅博士后项目申请公告》）

（一）资助名额

2017 年计划遴选资助 100 名左右。2018 年，计划资助名额不超过 200 名。

（二）申请条件与评选标准

表 1-1 北京大学"博雅"博士后项目招收条件

2017 年	2018 年
1. 获得博士学位不超过 3 年； 2. 申请截止日期前，理工科申请者原则上不超过 35 周岁，人文社会科学申请者不超过 40 周岁； 3. 遵守科研学术道德，身心健康； 4. 已取得优秀科研学术成果或具有良好发展潜质； 5. 提出可行的研究计划； 6. 进站后须全职从事博士后研究工作。	全球所有国家或地区的优秀年轻人才，年龄不超过 35 岁（人文社会科学领域或人才紧缺的自然科学领域可适当放宽），获得博士学位不超过 3 年（以每个批次申请截止日期为准），均可申请博雅博士后项目资助。已获得终身教职或进入终身教职系列者不能申请本项目。

（三）资助额度及待遇

表1-2 北京大学"博雅"博士后待遇

2017 年	2018 年
1. 基本年薪 18.5 万元起； 2. 享受学校提供的博士后公寓或 4.2 万元/年的津贴； 3. 享受国家提供 1.2 万元/年无福利住房补贴； 4. 资助期限两年； 5. 享受全国博士后管理委员会关于博士后研究人员户档迁转、子女入托入学等政策。	每个名额将提供税前不少于 54 万元人民币的资助（含基本年薪、各种保险、住房补贴等），资助期限为两年。

（四）项目申请

2018 年的项目申请与评选分为两个批次，第一批次资助名额不超过 140 个，第二批次资助名额不超过 60 个。

第一批申请与评选受理时间：2018 年 1 月 10 日至 3 月 20 日；各学院（系、所、中心）初评推荐提交截止日期：2018 年 4 月 10 日；资助名单公示：2018 年 5 月 10 日至 20 日。

第二批申请与评选受理时间：2018 年 9 月 1 日至 10 月 15 日；各学院（系、所、中心）初评推荐提交截止日期：2018 年 11 月 5 日；资助名单公示：2018 年 11 月 30 日至 12 月 10 日。

（五）申请材料

2018 年的申请材料必须用中文或英文完成，包括下列内容：

1. 北京大学博雅博士后项目申请书；

2. 两封推荐信（必含博士期间导师推荐信一封），推荐人可直接将签字推荐信发送至相对应学院（系、所、中心）负责博士后工作老师的电子邮箱；

3. 北京大学博士后合作导师的确认函一封（含拟合作导师同意招收并为博士后来校后开展科研工作提供支持等内容）。

（六）申请材料提交办法

将所有申请材料存储为一个 PDF 格式的文件，并在规定的截止日期前发送至博士后合作导师所属学院（系、所、中心）的负责博士后工作老师的邮箱，不完整的申请材料将不予受理。

特别说明：

1. 博雅博士后项目不含国家博新计划、香江学者、中德交流、国际交流引进或派出等项目资助者。申请人若同时获得国家的博士后项目资助和博雅博士后项目资助，以国家的博士后项目资助为准，博雅博士后项目资助视为自动放弃。

2. 北京大学目前已在站博士后，合同截止日期距各批次申请截止日期多于六个月者不能申请。

二、简评

北京大学"博雅"博士后项目的实施，是贯彻落实《国务院办公厅关于改革完善博士后制度的意见》精神的重要举措。它在全国大学中具有很强的代表性，无论从招收人数，还是从资助力度，都值得其他大学参考。

2017 年北京大学计划自筹经费招收"博雅"博士后 100 名，2018 年将这一指标翻倍到 200 名。从申请条件来看，虽没有大的变化，但对不能在职做博士后有了更加明确的规定。2017 年的规定是"进站后须全职从事博士后研究工作"，显然，一些博士后科研流动站和工作站还在继续招收在职博士后。而 2018 年规定为"已获得终身教职或进入终身教职系列者不能申请本项目"，实际上，无论是国外的博士后，还是中国博士后制度设计中对博士后的要求，他们的身份都是没有正式入职的研究人员，但一些站点为了招收到博士后,采取了招收在职博士后,改变了博士后的工作性质。北京大学对博士后申请条件的具体规定值得提倡。

北京大学"博雅"博士后资助政策是一个亮点。2017年实施的是分类资助,2018年实施的全额资助。前者指对博士后的资助分成年薪、学校住房津贴、国家住房补贴多项,然后采取不同项目不同强度的资助;后者则是不分种类,给予博士后一个全额资助,至于博士后怎么使用这笔经费,由博士后自己决定。北京大学对2018年博士后资助政策的改革,符合世界发达国家博士后资助惯例。这也是本课题组一贯提倡的资助政策,希望今后有更多的大学、企业,对博士后资助采取全额资助的方式。

第二节 我国博士后年度招收与出站

博士后招收与出站规模最能反映我国博士后发展新政策。2017年度我国博士后招收与出站人数出现了一些新变化。

一、我国博士后历年招收与出站规模分析

(一)我国博士后历年招收与出站规模

1. 博士后招收人数

2017年,我国博士后招收规模首次缩小,共招收博士后17 974人,比2016年博士后招收人数减少了270人。我国从1985年创建博士后制度以来,33年发展历程中,共招收博士后186 319人,其中前32年招收规模一直在扩大,第33年首次出现招收规模的缩小,见图1-1。以十年为一个发展阶段,1985年至1994年共招收博士后3 588人;1995年至2004年共招收博士后27 960人;2005年至2014年共招收博士后101 859人,最近三年共招收博士后52 912人。值得注意的是1995年博士后招收规模首次突破千人,2009年博士后招收规模首次突破万人。

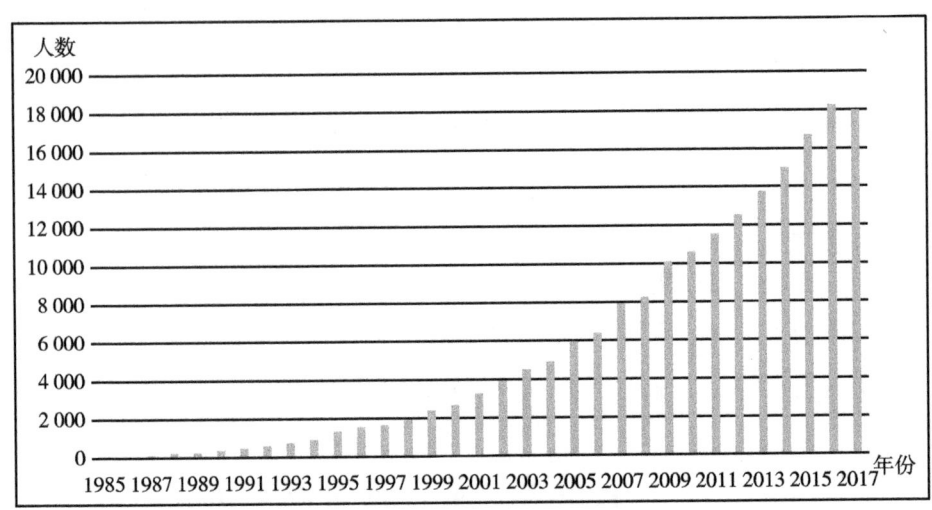

图 1-1　1985—2017 年博士后招收人数

2. 博士后出站人数

2017 年，我国博士后出站人数达到 11 415 人，创历史新高。从 1988 年有博士后出站以来，我国累计出站博士后 110 037 人，其中，1997 年博士后出站人数首次突破千人，2016 年博士后出站人数首次突破万人，见图 1-2。一般情况下，博士后在站时间为 2 年，即 1995 年招收的博士后，其出站时间为 1997 年。1995 年博士后招收人数和 1997 年博士后出站人数分别突破千人，这与博士后 2 年在站时间相吻合；2009 年博士后招收规模首次突破万人，博士后出站人数在 2016 年才首次突破万人，相当于滞后 8 年。这一定程度上反映了我国不仅注重博士后规模的发展，而且更强调博士后培养质量的提高。

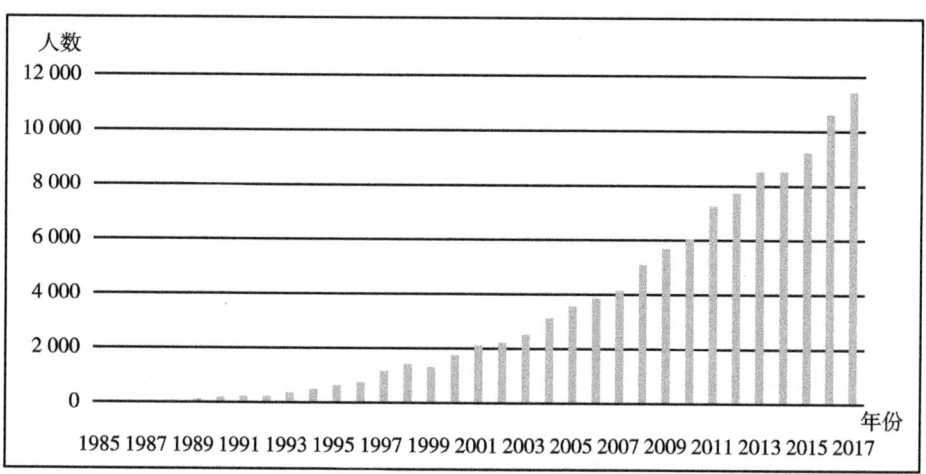

图1-2 1985—2017年博士后出站人数

（二）国家资助招收与自筹经费招收

1. 国家资助招收人数

2017年，国家资助招收博士后规模急剧缩小，且达到近五年最低点。2017年，国家资助招收博士后4 400人，与2016年相比，减少了2 983人，年增长率为-40.4%；2013年国家资助招收博士后5 838人，2014年国家资助招收博士后6 464人，2015年国家资助招收博士后6 922人，2016年国家资助招收博士后7 383人，见图1-3。

2. 自筹经费招收人数

2017年，自筹经费招收博士后规模随着国家资助博士后招收规模的减少而减少，但人数仍远远高于国家资助招收博士后人数。2017年，自筹经费招收博士后13 574人，相对于2016年减少了470人，年增长率为-3.35%，见图1-4。尽管人数比2016年略少，但总人数仍比国家资助招收博士后人数多9 174人。

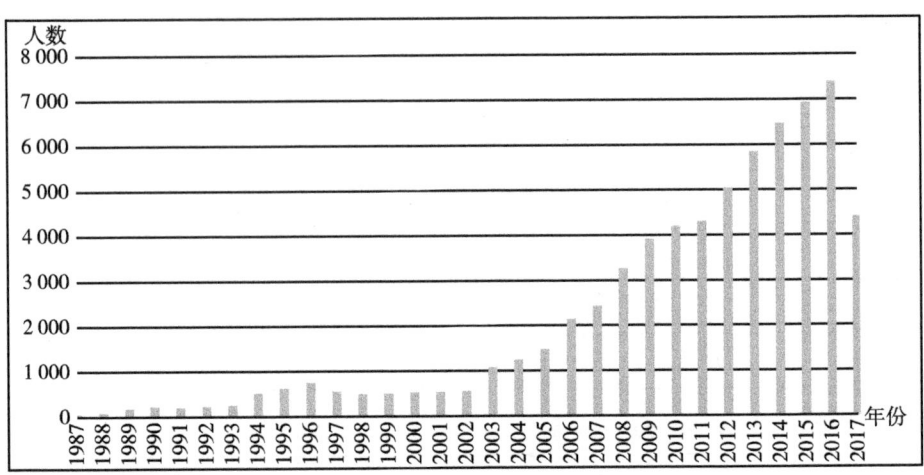

图 1-3　1987—2017 年国家资助招收博士后人数

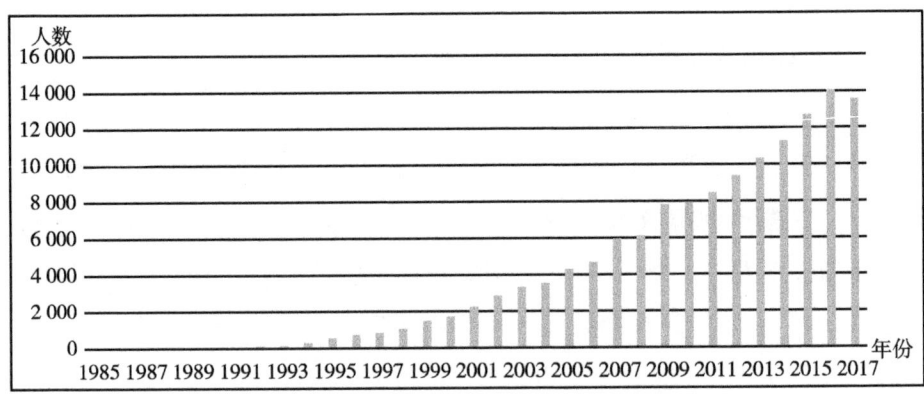

图 1-4　1991—2017 年自筹经费招收博士后人数

3. 国家资助与自筹经费招收人数比较

国家资助招收博士后人数随着自筹经费招收博士后人数的增高而降低，反之亦然。随着博士后资助政策的变化和调整，自筹经费招收的博士后越来越多。1987 年至 2002 年，国家资助招收博士后的比例逐渐减少，由 1987 年的 100% 减少到 2002 年的 16%；自筹经费招收博士后的比例越来越高,由 1991 年的 15%提高到 2002 年的 84%;2003 年至 2016 年,国家资助招收博士后略有提高,自筹经费招收博士后略有降低,但基本都趋于稳定状态;2017 年国家资助招收博士后由 2016 年的 34%降低到 24%,而自筹经费招收博士后却相反,由 66%提高到 76%,见图 1-5。由此可知,当前我国博士后招收主要以自筹经费为主,辅以少量的国家资助。

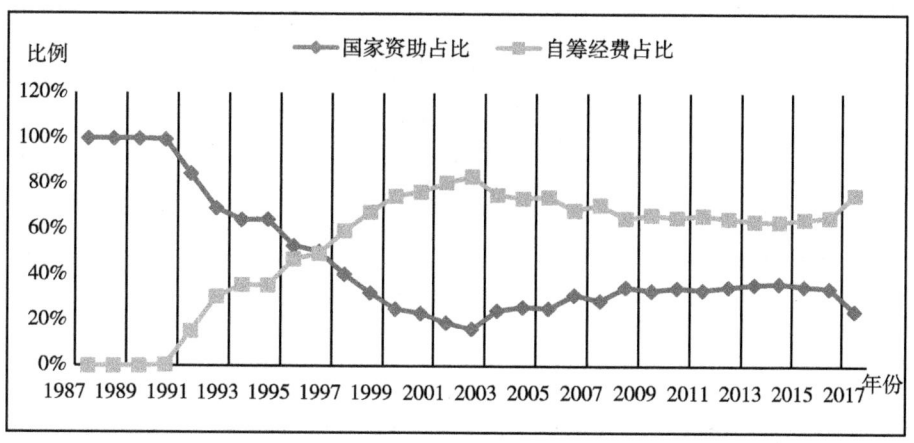

图 1-5　历年国家资助和自筹经费博士后在招收总人数中的比例

(三) 我国博士后年度就业去向分析

2017 年度,我国博士后就业去向仍然以高校和科研院所为主,比例高达 62.41%,22.55%的博士后去了国有企业和非国有企业,见图 1-6。2016 年度,博士后就业去向为高校的占 60%,21%的博士后去了国有企业和非国有企业,见图 1-7。2017 年度与 2016 年度比较可知,2017 年博士后就业去向略有变化,但高校和科研院所仍是博士后就业的主要选择。2017 年博士后就业单位为高校和科研院所的人数比 2016 年高了 2 个百分点,而博士后就业去向为其他单位中,2017 年比 2016 年少了近 4 个百分点。

博士后发展年度研究报告（2018）

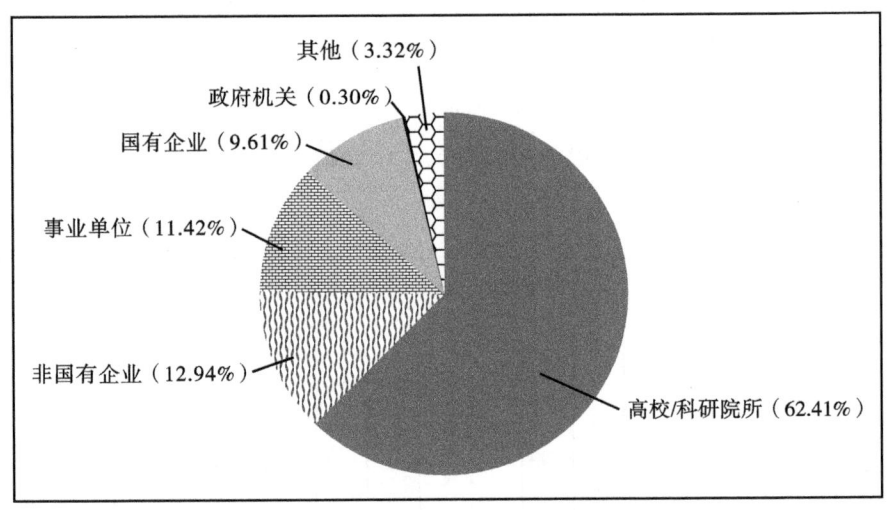

图 1-6　2017 年博士后就业去向

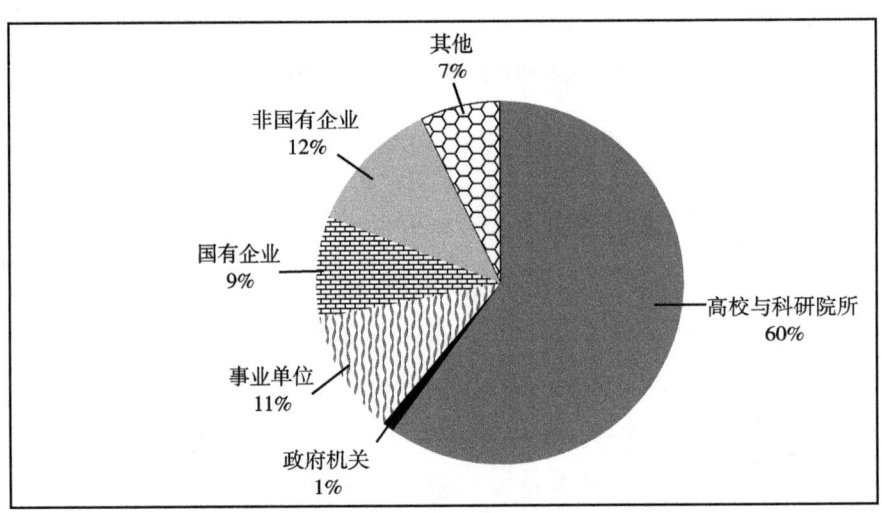

图 1-7　2016 年博士后就业去向

二、博士后招收人数的人口学特征分析

（一）博士后年度招收学科人数分析

博士后年度招收学科人数分布具有不均衡性，"工学、理学及医学"三大学科位列博士后招收人数的前三强。2017 年度，"工学、理学及医学"三个学科招收的博士后占招收总人数的 78.29%，其中，工学招收博士后人数以 41.20% 的占比达到最高。"教育学、哲学、军事学及艺术学"是博士后招收最少的四大学科，这四大学科招收的博士后人数仅占当年博士后招收总数的 2.69%，见表 1-3。

表 1-3　中国博士后各学科 2014—2017 年度招收人数及其比例

学科	2014 人数	%	2015 人数	%	2016 人数	%	2017 人数	%
工学	5 912	39.51	6 379	38.21	7 370	40.40	7 406	41.20
理学	3 418	22.84	4 026	24.12	4 458	24.44	4 402	24.49
医学	1 502	9.96	1 729	10.36	1 980	10.85	2 265	12.60
管理学	833	5.57	915	5.48	876	4.80	787	4.38
经济学	806	5.39	850	5.09	790	4.33	717	3.99
法学	666	4.45	692	4.15	680	3.73	530	2.95
农学	646	4.32	744	4.46	877	4.81	830	4.62
文学	418	2.79	446	2.67	397	2.18	348	1.94
历史学	246	1.64	264	1.58	255	1.40	206	1.15
教育学	183	1.22	220	1.32	190	1.04	200	1.11
哲学	157	1.05	189	1.13	169	0.93	152	0.85
军事学	96	0.64	123	0.74	98	0.54	38	0.21
艺术学	81	0.54	117	0.70	104	0.57	93	0.52
总计	14 964	100	16 694	100	18 244	100	17 974	100

（二）博士后年度招收人数性别分析

男性在博士后招收人数中占据主导地位。2017年度，招收男性博士后占比近65%，招收女性博士后占比约35%，男性博士后与女性博士后招收之比为1.83:1。与2016年相比，2017年男性博士后招收比例有所下降，比2016年降低了1.10%，反之，招收女性博士后比例则增高了1.10%。2011年至2016年，博士后招收中的性别变化基本趋于稳定，见表1-4。

表1-4 博士后招收人数年度性别百分比

年份		2011	2012	2013	2014	2015	2016	2017
性别比例	男（%）	67.14	67.68	66.82	67.19	66.18	65.77	64.67
	女（%）	32.86	32.32	33.18	32.81	33.82	34.23	35.33

（三）博士后年度招收人数年龄分析

博士后招收年龄变化幅度较小，但基本向年轻化趋势发展。2017年，博士后招收平均年龄为30岁，与2011年相比，减小了2.35岁；与2016年相比，减少了1.99岁，见表1-5。

表1-5 博士后招收人数年度平均年龄

年份	2011	2012	2013	2014	2015	2016	2017
平均年龄	32.35	32.17	32.26	32.44	31.81	31.99	30

2015年颁布的《国务院办公厅关于改善博士后制度的意见》（国办发〔2015〕87号）明确要求："博士后招收年龄一般控制在35周岁以下，特别是只招收获得博士学位不超过3年的人员。"此政策的出台对于博士后走向

年轻化具有重要价值,但由于受我国学制的影响,尤其受博士学制延长的影响,未来博士后的年龄走向可能稍微年轻化,但应该不会有大幅度的变化。

三、我国博士后招收外籍与留学回国人数年度分析

(一)博士后招收外籍人数年度分析

1. 2014—2017 年度招收外籍博士后国家

我国招收外籍博士后逐步增多,但生源国基本处于稳定状态。按国籍统计,2017 年,我国招收外籍博士后 916 人,他们来自 70 个国家。其中,印度是我国博士后招收第一生源国,人数为 315,占外籍博士后招收总数的 34.40%;巴基斯坦和伊朗在我国博士后招收中位居第二和第三位,分别占外籍博士后招收总数的 20.90% 和 4.40%。2014 年至 2017 年,我国招收外籍博士后的人数逐年增加,由 2014 年的 498 人增长到 2017 年的 916 人,增加了 83.94%,见表 1-6。

表 1-6 2014—2017 年度招收外籍博士后

年份	2014		2015		2016		2017	
序号	国别	人数	国别	人数	国别	人数	国别	人数
1	印度	170	印度	266	印度	287	印度	315
2	巴基斯坦	68	巴基斯坦	109	巴基斯坦	116	巴基斯坦	191
3	韩国	21	伊朗	38	伊朗	34	伊朗	40
4	埃及	19	埃及	22	埃及	26	埃及	36
5	法国	16	韩国	22	日本	18	韩国	17
6	意大利	16	孟加拉	14	美国	16	法国	16
7	美国	15	美国	14	韩国	15	孟加拉	15
8	伊朗	15	意大利	11	苏丹	15	苏丹	14
9	孟加拉国	11	日本	10	英国	14	日本	13

续表

年份	2014		2015		2016		2017	
序号	国别	人数	国别	人数	国别	人数	国别	人数
10	德国	9	苏丹	10	意大利	11	德国	13
11	英国	8	俄罗斯	9	法国	13	越南	12
12	尼日利亚	8	法国	9	孟加拉	12	罗马尼亚	12
13	日本	7	英国	9	澳大利亚	11	意大利	11
14	马来西亚	6	澳大利亚	8	乌克兰	11	美国	11
15	尼泊尔	6	也门	8	西班牙	10	英国	11
16	澳大利亚	6	德国	7	德国	9	澳大利亚	11
17	俄罗斯	5	尼泊尔	7	马来西亚	9	尼日利亚	10
18	加拿大	5	巴勒斯坦	6	加拿大	8	摩洛哥	10
19	西班牙	5	加拿大	5	泰国	8	西班牙	9
20	伊拉克	5	土耳其	5	俄罗斯	7	俄罗斯	8
21	白俄罗斯	4	西班牙	5	越南	6	尼泊尔	8
22	加拉	3	朝鲜	5	土耳其	5	泰国	8
23	喀麦隆	3	尼日利亚	5	尼泊尔	5	突尼斯	7
24	墨西哥	3	乌克兰	5	也门	5	加纳	6
25	葡萄牙	3	叙利亚	5	尼日利亚	5	喀麦隆	6
26	坦桑尼亚	3	越南	5	叙利亚	5	埃塞俄比亚	6
27	叙利亚	3	荷兰	5	喀麦隆	4	乌克兰	5
28	希腊	3	加纳	5	斯里兰卡	4	荷兰	5
29	阿尔及利亚	2	喀麦隆	5	白俄罗斯	4	斯里兰卡	5
30	巴西	2	斯里兰卡	3	波兰	4	加拿大	5
31	哥伦比亚	2	泰国	3	印度尼西亚	4	巴西	5
32	缅甸	2	伊拉克	3	哥伦比亚	3	贝宁	5
33	芬兰	2	埃塞俄比亚	2	突尼斯	3	乌兹别克斯坦	5

续表

年份 序号	2014 国别	人数	2015 国别	人数	2016 国别	人数	2017 国别	人数
34	摩洛哥	2	巴西	2	贝宁	3	波兰	4
35	塞内加尔	2	波兰	2	摩洛哥	3	土耳其	4
36	泰国	2	芬兰	2	伊拉克	2	阿尔及利亚	4
37	突尼斯	2	哥伦比亚	2	荷兰	2	白俄罗斯	3
38	土耳其	2	罗马尼亚	2	加纳	2	叙利亚	3
39	新加坡	2	马来西亚	2	巴西	2	印度尼西亚	3
40	新西兰	2	新西兰	2	罗马尼亚	2	蒙古	3
41	阿根廷	1	阿尔及利亚	1	阿尔及利亚	2	新加坡	3
42	埃塞俄比亚	1	白俄罗斯	1	比利时	2	伊拉克	2
43	爱尔兰	1	比利时	1	马达加斯加	2	也门	2
44	保加利亚	1	多哥	1	缅甸	2	刚果	2
45	波兰	1	刚果	1	墨西哥	2		
46	厄瓜多尔	1	几内亚共和国	1	希腊	2	哥伦比亚	2
47	刚果	1	加蓬	1	捷克	2	新西兰	2
48	荷兰	1	柬埔寨	1	斯洛文尼亚	2	马达加斯加	2
49	捷克	1	科特迪瓦	1	乌兹别克斯坦	2	缅甸	2
50	加蓬	1	拉托维亚	1	埃塞俄比亚	1	墨西哥	2
51	科特迪瓦	1	立陶宛	1	葡萄牙	1	巴勒斯坦	2
52	肯尼亚	1	马达加斯加	1	瑞典	1	黎巴嫩	2
53	黎巴嫩	1	马里	1	爱尔兰	1	奥地利	1
54	秘鲁	1	秘鲁	1	奥地利	1	保加利亚	1
55	瑞典	1	缅甸	1	丹麦	1	不丹	1
56	瑞士	1	墨西哥	1	多哥	1	厄瓜多尔	1

续表

年份	2014		2015		2016		2017	
序号	国别	人数	国别	人数	国别	人数	国别	人数
57	斯洛文尼亚	1	葡萄牙	1	菲律宾	1	加蓬	1
58	苏丹	1	瑞典	1	古巴	1	捷克	1
59	坦桑尼亚	1	瑞士	1	津巴布韦	1	立陶宛	1
60	塔吉克斯坦	1	苏里南	1	克罗地亚	1	卢旺达	1
61	乌克兰	1	坦桑尼亚	1	科摩罗	1	罗马尼亚	1
62	亚美尼亚	1	突尼斯	1	肯尼亚	1	马其顿	1
63	乌兹别克斯坦	1	委内瑞拉	1	挪威	1	挪威	1
64	也门	1	希腊	1	萨尔瓦多	1	瑞典	1
65	越南	1	匈牙利	1	塞内加尔	1	斯威士兰	1
66	印度尼西亚	1	亚美尼亚	1	斯洛伐克	1	塔吉克斯坦	1
67	乍得	1	印度尼西亚	1	新加坡	1	委内瑞拉	1
68	中非	1	约旦	1	新西兰	1	乌干达	1
69	/	/	赞比亚	1	亚美尼亚	1	匈牙利	1
70	/	/	中非	1	以色列	1	亚美尼亚	1
71	/	/	/	/	中非	1	/	/
小计	498		675		763		916	

2. 2017 年外籍博士后区域分析

我国招收外籍博士后的区域特征非常突出。亚洲外籍博士后占 6 大洲招收总数的 71%，发达地区的北美洲和欧洲仅占 6 大洲招收总数的 18%，非洲也是我国外籍博士后的重要来源区域，占 6 大洲招收总数的 12%，见图 1-8。虽然我国博士后招收规模仅次于美国，已经成为第二大博士后招收国家，但从国际化水平来看，我国博士后对欧美发达国家的吸引力还不够。

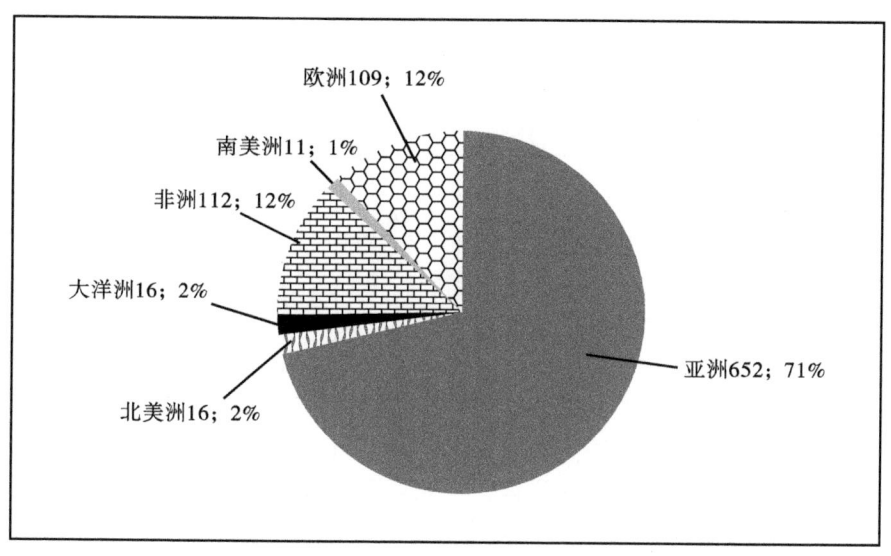

图1-8 2017年招收外籍博士后区域分析

（二）博士后招收留学回国人数年度分析

2017年，我国共有1 394人在海外获得博士学位后回国做博士后，他们来自39个国家或地区。人数最多的国家或地区依次为美国、日本、中国香港、英国、德国及韩国，见表1-7。2016年，我国招收海外留学博士回国做博士后人数排名前6位的国家或地区分别为日本、美国、中国香港、英国、法国和德国，见表1-8。相对于2016年，2017年我国招收海外留学博士回国做博士后的国家发生一定变化，美国由第二位上升为第一位，日本则由第一位降至第二位，法国、德国及韩国的位次也发生了变化，德国由第六位上升位第五位，法国由第五位退出到第七位，韩国则上升到第六位。

表1-7 2017年度招收留学博士回国做博士后的国家和地区及其人员分布

序号	国别和地区	人数	序号	国别和地区	人数
1	美国	200	21	俄罗斯	8
2	日本	177	22	中国台湾	8
3	中国香港	155	23	奥地利	4
4	英国	141	24	泰国	4
5	德国	133	25	芬兰	3
6	韩国	99	26	挪威	2
7	法国	97	27	乌克兰	2
8	澳大利亚	92	28	菲律宾	2
9	新加坡	60	29	南非	2
10	荷兰	36	30	葡萄牙	2
11	加拿大	31	31	墨西哥	2
12	中国澳门	24	32	印度	1
13	瑞典	19	33	巴西	1
14	比利时	17	34	白俄罗斯	1
15	意大利	14	35	保加利亚	1
16	瑞士	12	36	波多黎各	1
17	爱尔兰	11	37	卢森堡	1
18	西班牙	11	38	马来西亚	1
19	新西兰	11	39	希腊	1
20	丹麦	8			
合计					1 394

表1-8 2016年度招收留学博士回国做博士后的国家和地区及其人员分布

序号	国别和地区	人数	序号	国别和地区	人数
1	日本	202	6	德国	101
2	美国	178	7	韩国	99
3	中国香港	173	8	澳大利亚	70
4	英国	158	9	新加坡	63
5	法国	102	10	荷兰	32

我国海外留学博士回国做博士后人员主要来源于亚洲和欧洲。2017年,亚洲、欧洲及北美洲留学博士归国做博士后的人数位居前3位,占比分别为42.83%、36.73%及15.54%。留学南美洲和非洲的博士归国做博士后的人数最少,分别仅有1人,见图1-9。从以上数据可知,我国博士后招收资助政策对海外人才归国发挥了一定作用,一定程度上避免了人才的流失。

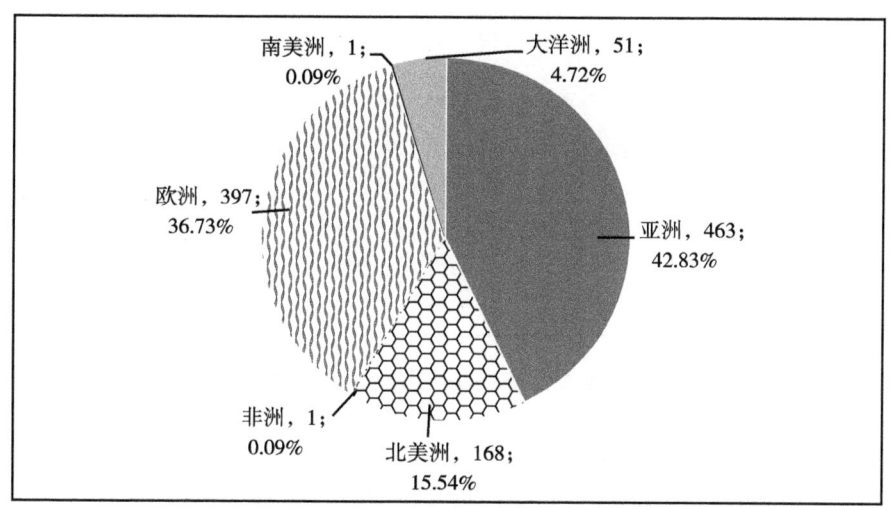

图1-9 2017年招收各大洲留学回国博士后人数与所占比例

第三节 中国博士后科学基金资助

2017年度,中国博士后科学基金资助人数再创历史新高,从中央财政获得的博士后科学基金资助金额达到了59 723万元。

一、中国博士后科学基金2017年度资助

2017年度,中国博士后科学基金资助类型有面上一等资助、面上二等资助、西部地区资助计划、特别资助和"博新计划"资助等五种类型。面

上二等资助的人数最多,占资助总人数的比例高达70%,西部计划资助人数最少,仅占资助总人数的1%,见图1-10。

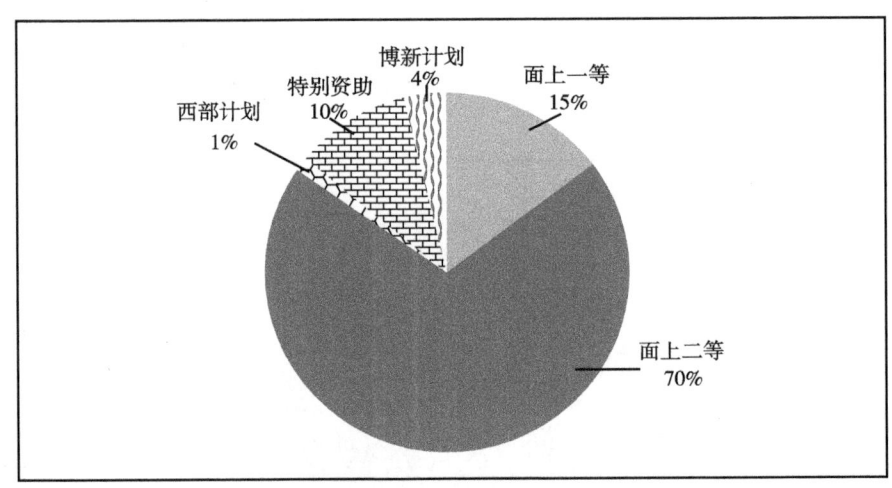

图1-10　2017年度我国博士后科学基金资助不同项目人数比例

二、我国博士后科学基金2015—2017年度资助

从资助标准来看,博新计划每人每年获得的资助金额最高,高达30万元,特别资助以15万元位居第二位。从资助金额来看,2017年中国博士后科学基金资助总额为59 723万元。其中用于面上资助37 758万元,西部计划资助500万,特别资助12 465万元,博新计划资助9 000万元。从资助人数来看,2017年中国博士后科学基金共资助8 068人,面上二等资助的人数最多,高达5 646人,约占资助总人数的70%,西部计划资助人数最少,占资助总人数的1.2%。从2015年至2017年,中国博士后科学基金资助的总人数在上升,共上升1 195人,但2017年面上一等资助和特别资助的人数明显少于2015年和2016年,面上二等、西部计划及博士计划资助的人数则在增加,见表1-9。

表 1-9 2015—2017 年度我国博士后科学基金资助

单位：万元

类型	资助标准 年/人	2015 年 人数	2015 年 金额	2016 年 人数	2016 年 金额	2017 年 人数	2017 年 金额
面上一等	8	1 855	14 840	1 898	15 184	1 191	9 528
面上二等	5	3 798	18 990	4 176	20 880	5 646	28 230
西部计划	5	80	400	80	400	100	500
特别资助	15	1 140	17 110	1 019	15 285	831	12 465
博新计划	30	/	/	200	6 000	300	9 000
合计	/	6 873	51 340	7 357	57 749	8 068	59 723

参考文献

1. 北京大学人事部博士后办公室. 北京大学 2018 年博雅博士后项目申请公告［EB/OL］. https://postdocs.pku.edu.cn/tzgg/59727.htm，2018-2-20.

2. 冯之越. 中国博士后制度改革创新的实证研究. 北京：北京大学出版社，2014：253.

3. 孟祥天. 博士后 30 年：我国已累计招收培养 14 万余名博士后人员［N］. 人民日报，2015-12-1：11.

4. National Academy of Science. Enhancing the Postdoctoral Experience for Scientists and Engineers: A Guide for Postdoctoral Scholars, Advisers, Institutions, Funding Organizations, and Disciplinary Societies. Washington. DC. National Academy Press，2000：6-7.

5. 人力资源和社会保障部，全国博士后管理委员会. 博士后工作文件资料汇编（1985—2007）. 北京：中国人事出版社，2008：38；40-41.

6. 中国博士后. 各年度全国博士后科研流动站设站情况［EB/OL］. http://www.chinapostdoctor.org.cn/WebSite/program/Info_Show.aspx? InfoID= 066303a8-dae5-4b2f-9fbf-44a106278618，2015-9-24.

第二章
各省、自治区、直辖市博士后发展年度研究分报告

2017年,人力资源和社会保障部、全国博士后管理委员会印发《关于贯彻落实〈国务院办公厅关于改革完善博士后制度的意见〉有关问题的通知》(人社部发〔2017〕20号,以下简称《通知》),进一步确保《国务院办公厅关于改革完善博士后制度的意见》的贯彻落实。《通知》通过优化博士后工作平台建设、严格博士后人员招收管理、提升博士后工作服务水平、发挥博士后设站单位主体作用这四个方面,对今后一段时期的博士后制度改革提出了总体要求,指明了发展方向。各省、市、自治区和设站单位积极回应《通知》,根据通知精神结合实际情况制定了具体实施办法,为进一步提高博士后培养质量,推动各省、市、自治区博士后事业科学发展提供了保障。

第一节 各省(区、市)博士后发展年度新动向

各省(区、市)博士后发展新动向主要体现在对本区域博士后管理与服务工作政策,对博士后招收与引进政策,对博士后创新实践和科研转换基地建设,对博士后科研与学术交流资助政策四个方面。研究分析各省(区、市)本年度博士后发展政策动向,仅以课题组收集到的资料为准。

一、博士后管理与服务工作新调整

各省(区、市)博士后管理与服务工作的调整是基于国家对高层次人

才的战略需要、本区域经济发展现状、高层次人才需求及博士后培养的需要而出台的。

2017年12月4日,北京市举行全国博士后学术交流会暨"建筑遗产保护与协同创新"论坛开幕式,北京市人力资源与社会保障局副局长陈蓓出席开幕式并致辞指出:"开展博士后学术交流是提高博士后培养质量的重要途径,是形成活跃的、有利于创新的学术氛围的重要方法;下一步,北京博士后管理工作将立足首都城市战略定位,继续坚持服务经济社会发展大局,在站点布局、日常管理、资金投入、学术交流等方面不断创新体制机制,逐步形成以首都功能定位为指引,以学科建设为基础,以市场需求为导向,以推动科技进步和产业发展为目标的创新型青年人才培育体系,实现'学'与'用'的互动,'产'与'研'的贯通,为推动首都创新发展提供有力的人才智力支持。"

2017年2月6日,上海市人力资源和社会保障局印发《2017年上海市人力资源和社会保障工作要点的通知》(沪人社研〔2017〕45号),提出要更加广泛集聚海外人才,探索将来沪外籍博士后纳入外国人来华工作许可申办范围。加强专业技术人才队伍建设,修订上海市博士后管理工作实施办法,日常经费资助重点向创新业绩突出的优秀博士后和企业博士后倾斜。为落实上海市关于加快建设具有全球影响力的科技创新中心的战略部署,依据《关于进一步深化人才发展体制机制改革加快推进具有全球影响力的科技创新中心建设的实施意见》(沪委发〔2016〕19号)、《人力资源社会保障部 外交部 教育部关于允许优秀外籍高校毕业生在华就业有关事项的通知》(人社部发〔2017〕3号)和《国家外国专家局 人力资源社会保障部 外交部 公安部关于全面实施外国人来华工作许可制度的通知》(外专发〔2017〕40号),支持外国留学生在我国高等院校应届毕业后直接在上海创新创业,吸引在华外籍优秀高校毕业生的智力资源,为外籍高校毕业生在上海工作提供便利。从2017年7月3日起,上海市人力资源和社会保障局、上海市外国专家局特开展了为外国留学生、境外高校外籍毕业生和外籍博士后办理外国人工作证的工作，在上海就业的外籍高校毕业生办理外国人工作证的有效期首次为1年。聘用外籍高校毕业生就业期满，用人单位拟继续聘用的，按规定履行审批手续后可以继续聘用，期限不超过5年。外籍高校毕业生所缴纳个人所得税低于意向薪酬应付税额或用人单位拟给予其的薪酬低于规定标准的，外国人工作许可证不予延期。

浙江省为支持高校青年博士教师到企业从事博士后研究工作，高校推荐申报时，对目前在企业从事博士后研究工作的青年教师可在控制指标外，予以直接推荐。为奖励在推动浙江省科技进步和经济社会发展中做出积极贡献的博士后研究人员，浙江省人力资源和社会保障局授予张杰等15人为2017年度浙江省优秀博士后称号，每人奖励1万元。

2017年6月6日，安徽省人力资源和社会保障厅印发《安徽省博士后工作经费管理办法》（皖人社秘〔2017〕199号），旨在为充分发挥博士后工作经费在促进科技创新和人才成长等方面的积极引导作用，进一步提高博士后工作经费的使用效益。2017年11月29日，安徽省人力资源和社会保障厅印发《安徽省博士后管理工作规定》（皖人社发〔2017〕64号），分别从组织机构、博士后工作平台建设、博士后人员的招收、博士后人员的培养和管理、博士后工作评估五个方面进行规定，旨在规范和加强安徽省博士后管理工作，提高博士后研究人员培养质量，推动博士后事业高质量发展。

为充分发挥博士后制度和海峡两岸学科产业优势，引起培养一批青年创新创业人才，推动两岸学术技术和人才项目交流，助力福建省经济社会发展，福建省人力资源与社会保障厅制定了《海峡博士后交流资助计划》，福建省财政安排960万元专项经费用于实施该计划，资助两岸青年博士后人才引进培养与合作交流。资助方式包括三项五类，三项分别是博士后研究人员引进培养资助、两岸博士后人才项目交流资助和优秀台湾博士引荐奖励。2017年12月25日，福建省人力资源和社会保障厅发布《关于深化人才发展体制机制改革 加快推进人才强市战略的意见》，提出要实施博士后创新人才支持计划：推动博士后科研"两站一基地"（科研流动站、科研工作站、创新实践基地）与企业技术中心等科技创新平台协同发展；对新建省级博士后创新实践基地给予60万元的经费补助；对厦门市企业、科研生产型事业单位的博士后工作站在站博士后人员给予每年10万元、最长2年的生活补助；鼓励厦门市企事业单位与厦门大学等省部属高校建立联合培养机制；拓宽国际视野，积极吸收外籍、台湾优秀青年人才来厦门从事博士后研究。

为大力实施创新驱动发展战略和人才强省战略，不断优化人才服务保障机制，更好地支持各类人才在江西创新创业，促进产业转型升级、创新发展，2017年9月5日，中共江西省委人才工作领导小组办公室印发《关于创建省级服务支持人才创新创业示范基地实施办法》，提出对省级及以上院士工作站、博士后创新实践基地、重点实验室、工程（技术）研究中心、企业技术中心、海智工作站等创新平台，优先在示范基地布点，科研成果转化项目优先在示范基地转化。对示范基地内的优秀人才或团队，亟须资金支持的，优先纳入省"人才服务银行"信贷支持范围，其创新创业项目优先纳入省人才创新创业引导基金推荐目录，基金予以重点支持。对符合《省支持优秀人才团队科研成果转化计划实施办法》所列条件的优秀人才团队，江西省人才发展专项资金按照50万—100万的标准给予项目资金资助。2017年9月30日，江西省人力资源和社会保障厅印发《深化人才发展体制机制改革若干措施》的通知，提出要加强博士后站建设：鼓励支持中小型科技企业设站，符合条件的单位可先设站后授牌。给予每个新设博士后流动站、工作站、博士后创新实践基地10万元资助。鼓励设站单位扩大博士后招收规模，对申请进入人文社会科学领域或自然科学领域流动站以及工作站、博士后创新实践基地博士生研究人员，年龄可放宽到40周岁。鼓励在职博士到企业从事博士后研究。到2020年，力争全省建设各类博士后站300家。

广东省委组织部、省人力资源和社会保障厅等13个部门联合印发了《关于加快新时代博士和博士后人才创新发展的若干意见》（粤组通〔2017〕46号），提出了一系列创新措施，为加快汇聚优秀拔尖青年人才，建立了博士和博士后职称评审绿色通道。博士毕业生和在站博士后可直接申报副高以上职称。在粤东西北地区工作成绩突出的博士和博士后，不受工作年限资历限制，可直接申报正高职称。出站博士后在教学、科研等专业技术岗位工作满1年，经用人单位考核成绩优秀的，可直接认定为副高或正高职称。

2017年7月10日，云南省人力资源和社会保障厅发布《关于加强博士后管理工作有关问题的通知》（云人社发〔2017〕108号），为进一步做好省内博士后工作，放宽条件限制，优化管理方式；加强制度建设，严格规范管理；提升服务水平，落实相关待遇。

为贯彻落实宁夏回族自治区党委办公厅、政府办公厅印发的《宁夏回族自治区关于深化职称制度改革的实施意见》（宁党办〔2017〕94号），宁夏回族自治区人力资源和社会保障厅办公室畅通职称评审绿色通道，对引进的急需紧缺高层次专业技术人才，博士后科研工作站（流动站）考核合格出站的研究人员，获得国家科学技术奖励二等奖以上和对我区经济社会发展做出突出贡献的专业技术人才，可不受学历、资历、年限等条件限制，采取一事一议、一人一策，直接评聘相应系列（专业）高级职称。

《广西壮族自治区人民政府办公厅关于印发广西加强博士后管理工作实施办法的通知》（桂政办发〔2017〕133号，以下简称为《办法》），对加强博士后管理工作提出具体实施办法。《办法》分总则、管理机构、流动站和工作站及基地的设立、博士后人员的招收引进、博士后人员的管理、专项经费管理、组织评估、附则等八章共37条。《办法》提出：适当放宽紧缺人才年龄，工作站可单独招收博士后人员；结合重点科研项目和加大国内外交流力度，提高培养质量；鼓励博士后兼职从事技术成果转化活动，支持创新创业；新设站点给予30万元资助，加大财政经费支持；科研启动经费不低于10万元，提升服务保障水平。这是从适应新形势下加强博士后管理工作的需要出发所出台的一个重要规范性文件。文件的出台将充分发挥博士后制度在促进人才培养、推动创新创业中的引领作用，为广西壮族自治区培养、引进高层次人才提供重要平台和政策依据。

二、博士后人才招收和引进新动向

2017年11月25日，"2017京津冀博士后人才招收洽谈会"在清华大学举办。此次招收洽谈会由北京市人才服务中心主办，北京市人才开发中心承办。重点面向京津冀地区的博士、高等院校和科技企业，78家参会单位中，有21家来自河北、天津地区。此次洽谈会用人单位共招聘博士后专业323个，需求人数694人。博士、博士后等高层次人才在北京的科技进步、产业发展等方面起到了重要的促进作用，因此很多单位对于这类高层次人才需求强烈。

北京市、天津市、河北省三地对于博士、博士后求贤若渴。以天津市为例，原本有20多家单位报名参会，由于当天活动场地的限制，只能安排10个展位，但当天还是来了13家单位，主办方只好安排他们"拼桌"招聘。河北省也不甘落后，河北省科学院地理科学研究所，给应聘者的薪酬"按省直事业单位最高工资标准"，提供事业单位正式编制，提供10万元科研启动经费，提供5年的住房补贴。相比之下，北京的招聘单位更受求职者青睐，而且北京的待遇也十分诱人，例如同方威视技术股份有限公司招聘三维数据智能分析工程师、毫米波研发工程师等优秀杰出人才，博士后出站后可同时解决夫妻、子女的北京户口，每月有2 500元的住房补贴，还可申请公司公租房、海淀区博士后公寓。据介绍，目前北京市的顶尖人才都有博士后经历。全市现有 309 家博士后设站单位，今年还新设了博士后国际交流培养资助项目，对送往国外培养的博士后和引进本市的外籍博士后，每年给予 20 万元的资助。目前，已经有 10 名博士后被送往美国、英国等。

截至 2017 年，浙江省累计招收培养博士后 8 900 余人，其中 2017 年招收培养博士后 1 100 人。浙江省绍兴市新昌县建设"一院两站"，助力高端人才引进，并进一步与浙江大学、浙江工业大学、上海交通大学等多个知名大学博士后流动站组建项目团队、合作开展课题科研工作，既带动了高校、科研院校博士后导师为该县企业服务，也借此引进和培养了一批高层次人才。截至 2017 年 12 月，新昌县共有 71 位博士后进站从事博士后项目课题研究，在站工作博士后 22 名，出站后留在新昌 23 人，累计完成研究项目 65 个，获得专利 60 个，发表论文专著 86 篇。浙江省湖州市南浔区牢固树立"人才资源是实现赶超发展第一资源"的理念，打造创业平台"新阵地"，引进创新平台"新面孔"，强化管理平台"新举措"，凸显人才引领作用，为该区经济发展再添"强翼"，出台《南浔区加快技能人才队伍建设三年行动方案》，将人才培育从高精尖技术人才向技能人才和专业技术人才延展。截至 2017 年 8 月，南浔区高层次人才 2 302 人，引进南太湖精英计划 92 个，实施海外引智项目 78 个。

截至 2017 年，四川省累计招收博士研究员 4 700 多人，现在站博士后 2 000 余人，在研项目 2 400 余项。福建省累计招收博士后人员 2 500 多人。江西省累计进站博士后研究人员 771 人，累计完成科研项目 944 项，申请专利 628 项，获得省部级以上科技奖励 73 项，科研项目转化经济效益达 9.49 亿元。

为实现广东省"三个定位、两个率先"和"四个坚持、三个支撑、两个走在前列"的目标，广东省委组织部、省人力资源和社会保障厅等 13

个部门联合印发了《关于加快新时代博士和博士后人才创新发展的若干意见》（粤组通〔2017〕46号），从强化博士和博士后人才培养机制、创新博士和博士后人才引进机制、改革博士和博士后流动激励机制、搭建博士和博士后创新创业平台、加强博士和博士后人才服务保障5个方面吸引优秀的博士后人才，为实现目标提供强有力的人才支撑。具体从加大博士和博士后培养支持力度、实施青年优秀科研人才国际培养计划、提高在站博士后科研人员资助标准、建立博士和博士后职称评审绿色通道、吸引国（境）外优秀博士来粤从事博士后研究、吸引优秀博士和博士后来粤工作、支持企业引进博士和博士后、建立全球博士和博士后人才招募机制、建立博士和博士后事业编制保障制度、创建博士工作站、健全企事业单位引才用才工资激励机制、推动博士和博士后人才交流选拔、设立博士和博士后创新创业基金、加快博士和博士后创新平台建设、加快博士和博士后科技成果转化、建立博士和博士后服务管理智慧体系、优化博士和博士后人才公共服务、加强组织保障18个方面进行操作。

三、博士后年度创新实践基地和科研转化基地新动向

经过单位申报、园区汇总、区县初评、市局审核、专家评审等环节，2017年度，北京市增设了20家博士后科研工作站分站。

截至2017年，浙江省共有202家国家级博士后科研工作站，85家博士后科研流动站，477家省级博士后科研工作站，其中2017年新增8家国家级博士后工作站，108家省级博士后科研工作站。浙江省绍兴市新昌县以交流引进为依托，博士后科研工作站助力转型。近年来，新昌县高度重视企业博士后科研工作站的平台引领作用，推动博士后科研工作站在成果转化、解决关键技术问题等各方面发挥了至关重要的作用。截至2017年12月，新昌博士后科研工作站已达10家，其中国家级8家，省级2家。截至2017年8月，浙江省湖州市南浔区共设立博士后科研工作站9家，其

中国家级 2 家，省级 7 家。

为大力实施"青年英才工程"，加快推进人才载体建设，培养造就一批适应安徽省经济社会发展需要的复合型、战略型和创新型青年人才队伍，安徽省人力资源和社会保障厅于 2017 年 10 月 17 日批准中科电力装备集团有限公司等 44 个单位设立第八批省级博士后科研工作站（博士后创新实践基地），开展博士后科研工作。

为贯彻落实党的十九大精神，鼓励引导人才向边远贫困地区、革命老区和基层一线流动，进一步加强山区专业技术人才队伍建设，更好发挥人才在促进山区经济社会发展中的重要作用，福建省人民政府办公厅于 2017 年 11 月 29 日发布了《关于加强山区专业技术人才队伍建设十条措施的通知》（闽政办〔2017〕137 号），支持山区设立博士后科研工作站或博士后创新实践基地，加大山区青年创新创业人才引进培养力度，促进产学研结合。同年，福建省福州市新设立了 22 家企业博士后科研工作站。福建省是全国首批设立博士后站点、开展博士后工作的省份之一，博士后制度作为青年高层次人才引进、培养和使用，促进产学研用结合转化的重要平台，在提升自主创新能力、建设创新型省份中发挥了重要作用。截至 2017 年，福建省已设立博士后科研流动站 85 个，设站学科覆盖 12 大学科门类 53 个一级学科；博士后科研工作站 106 个、省级博士后创新实践基地 22 个，设站企业绝大部分为高新技术企业，设有省级以上企业技术中心等研发平台。

江西省评选产生了 2017 年博士后创新实践基地入围单位 31 家。截至 2017 年，江西省共有博士后站 117 家、博士后创新实践基地 61 家。

截至 2017 年，湖南省已设立博士后站点 263 个，研究领域涉及 12 大门类，涵盖 60 个一级学科博士点。

为加快博士后创新实践基地建设，进一步扩大博士后招收培养规模，促进广东省博士后事业发展和青年创新型人才队伍建设，广东省人力资源和社会保障厅发布《关于做好广东省博士后创新实践基地管理服务工作的通知》（粤人社规〔2017〕6号），从提高思想认识，大力发展博士后创新实践基地；积极创建创新实践基地，严格规范管理；强化主体责任，切实抓好博士后招收培养工作；加大政策扶持力度，加强指导服务四个方面加强对博士后工作的服务和管理。截至2017年，广东省共有博士后科研流动站147家，流动站设站数量位居全国第五，全面覆盖全省有博士点学科的13所高校和8个科研院所，涵盖了11大学科门类的72个一级学科。博士后科研工作站363家，总数全国第二。另设立有省博士后创新实践基地323家。2017年开始，广东省财政投入10亿元，设立博士和博士后创新创业基金，支持博士和博士后创新创业项目，加快科研成果转化。加快博士后创新平台建设，对新增博士后科研流动站、博士后科研工作站、博士后创新实践基地的设站单位分别给予不少于50万元、50万元、30万元建站补贴。

2018年数据，截至2017年，四川省已在四川大学、长虹、东电集团等高校、科研院所和大型企业集团设立了329家博士后科研流动（工作）站（其中流动站98家、工作站73家、博士后创新实践基地181家）。贵州省共设立博士后科研流动（工作）站43个。山西省共设立博士后科研工作站28个，博士后科研流动站48个。

经30多年来的建设发展，福建省已设立博士后科研流动站85个，设站学科覆盖12大学科门类53个一级学科；博士后科研工作站106个、省级博士后创新实践基地22个，设站企业绝大部分为高新技术企业，设有省级以上企业技术中心。

为加强博士后创新实践基地建设，进一步推动博士后工作健康发展，河北省人力资源和社会保障厅、河北省博士后工作管理委员会发布《关于开展博士后创新实践基地评估工作的通知》（冀人社函〔2017〕57号），评估新设博士后创新实践基地，参加本次评估的为2014年前设立的博士后

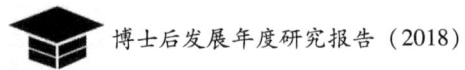

创新实践基地，共计 53 家。

为充分发挥博士后站在云南省高层次创新型青年人才培养中的平台作用，加强博士后站分级管理体系建设，实现博士后站梯队培育，2017 年 7 月 12 日，云南省人力资源和社会保障厅印发《云南省设立省级博士后站实施办法》（云人社发〔2017〕110 号），规定了省级博士后站的设立条件、设立程序、博士后站日常管理、博士后研究人员管理、考核与评估等方面的要求。2017 年 11 月 27 日，为充分发挥博士后站在云南省高层次创新型青年人才培养中的平台作用，加强博士后站分级管理体系建设，云南省人力资源和社会保障厅发布《关于批准设立首批省级博士后科研流动站和科研工作站的通知》（云人社通〔2017〕128 号），同意在云南大学物理学等 9 个学科设立省级博士后科研流动站，在滇西科技师范学院等 11 个单位设立省级博士后科研工作站，开展博士后工作。截至 2017 年底，云南省已设立 95 家博士后科研流动站和科研工作站，为云南省培养引进了一批急需紧缺的高层次创新型青年人才。

2017 年，安徽省本溪市建立博士后创新实践基地 8 个。陕西省有 35 个单位获准设立省博士后创新基地，新设基地单位将获陕西省政府每基地 10 万元的奖励，今后招收的博士后人员（统招统领分），在站工作期间将获得陕西省政府给予的每人每年 5 万元生活资助，出站后与在陕企业签订 5 年以上劳动合同者，将由省财政给予每人一次性 20 万元安家补助。

截至 2017 年，青海省共设立 3 家博士后科研工作站。广西壮族自治区共设立国家博士后科研流动站和工作站 65 个（其中流动站 21 个、工作站 44 个），博士后创新实践基地 32 个。广西壮族自治区博士后创新实践基地先后引进博士后研究人员近 30 人。

四、博士后年度资助新动向

博士后科研资助政策伴随着博士后制度而建立，根据国家对博士后科研支持政策，各省市也根据本省市经济发展情况与实力，制定相关资助政策。这些政策既是对国家博士后科研资助政策的丰富，也是对国家有关政策的补充与延伸。

2017 年，北京市开展博士后工作经费资助评审工作，经过单位推荐、专家评审委员会评审，对步兵等 142 名博士后（青年英才）给予科研活动经费资助，每人资助金额为 1 万元—11 万元不等，共计 840 万元；对赵崇淼等 10 名博士后给予国际交流培养派出项目资助，以供他们在中国香港、中国台湾、美国、英国、德国、加拿大等地区和国家为期两年交流学习的支出。

重庆市西南大学范春芬等 10 人入选 2017 年重庆市"博新计划"，资助金额为每人每年 30 万元，两年 60 万元，其中 40 万元为博士后日常经费，20 万元为科研经费资助，共计 600 万元，资助期限为两年；胡鹰等 4 名博士后入选国际交流项目，每人资助金额为 3 万元，共计 12 万元，用于博士后在美国、加拿大、新加坡等国家开展国际交流活动的交通费、食宿费、会议费等支出。

浙江省落实 2017 年度博士后生活补助、安家补助和第二批一次性安家补助等工作，王惠梅等 156 人获得 2017 年度博士后生活补助，每人资助 5 万元，共计 780 万元；李中乔等 130 人获得 2017 年度博士后安家费补助，每人资助 3 万元，共计 390 万元；王萃等 84 人获一次性安家补助，每人补助 3 万元，共计 252 万元。金贵阳等 160 人获得 2017 年度浙江省博士后科研项目择优资助，每人资助 3 万元，共计 480 万元。

广东省人力资源和社会保障厅等十三家单位联合印发的《关于加快新时代博士和博士后人才创新发展的若干意见》（粤组通〔2017〕46 号）提出："广东特支计划"科技创新青年拔尖人才项目每年资助博士和博士后 200 名，每人给予 50 万元生活补贴。实施青年优秀科研人才国际培养计划，每年资助 100 名优秀在站博士后科研人员、申请进博士后流动站的应届博士毕业生到国外（境外）高校、科研机构、企业的优势学科领域，合作开展博士后研究工作，每人资助40万元。提高在站博士后科研人员资助标准，执行国家在站博士后日常经费制度，加大财政投入力度，全省在站博士后资助标准提高到每人每年15万元生活补贴，资助期限一般为2年。

为充分发挥海峡两岸学科和产业优势，福建省人社厅、省财政厅联合下发《海峡博士后交流资助计划（试行）》，按照"引育并举、重在引进"的要求对博士后研究人员进行引进培养资助。对引进优秀台湾博士来闽做博士后研究工作和两岸联合招收培养博士后研究人员，最多给予2年共50万元资助；对赴台开展短期访学研究或参加国际学术会议的在站博士后研究人员，最多给予3万元资助。对举办两岸博士后人才项目交流活动的单位或机构给予10万元资助。对引荐优秀台湾博士的个人或机构，按引荐博士专业，给予2万元或1.5万元奖励。

江西省落实科研项目择优资助工作，评选出2017年江西省博士后科研项目择优资助人员共60人，其中获得一等资助10人，二等资助20人，三等资助30人。

湖南省落实2017年博士后科研人员日常经费资助工作，对申请资助的博士后进行资格和材料审查后，与相关处室协商研究，并报厅领导审核同意后，对246位博士后提供日常经费资助。

海南省根据《海南省博士后资助资金管理暂行办法》（琼财社〔2017〕1120号）有关规定，经审核和专家评审，对刘贵金等2人提供日常资助，每人8万元，共计16万元；对孙志昶等5人提供面上资助，每人5万元，共计25万元。

河北省完成博士后研究人员日常经费、科研项目择优资助经费的工作，为10位博士后提供日常经费资助，每人8万元，共计80万元。为33位博士后提供科研项目择优资助经费，5人获得重点资助，每人5万元，共计25万元；26人获得一般资助，每人3万元，共计78万元；2人获得小额资助，其中1人1万元，1人2万元，共计3万元。

云南省 20 个博士后科研工作站和博士后科研流动站获得云南省第二批资助，每个站资助金额为 20 万元，共计 400 万元，主要用于加强本单位博士后站建设、科研活动等相关工作。88 名博士后研究人员获得云南省第四批博士后定向培养资助人员。

陕西省开展了 2017 年博士后科研项目资助申报工作，20 名博士后获得特等资助，63 名博士后获得一等资助，147 名博士后获得二等资助，23 名博士后获得企业资助项目。

吉林省共有 8 名博士入选 2017 年度博士后创新人才支持计划，国家给予每位获资助者两年 60 万元的资助，共计 480 万元。其中 40 万元为博士后日常经费，20 万元为博士后科学基金。3 名博士后获得吉林省 2017 年度国际交流计划派出项目资助，每人 30 万元，共计 90 万元。2017 年是博士后国际交流计划全面实施的第四年，累计派出优秀博士后 26 名。

广西壮族自治区共 13 名博士后人员获第 62 批中国博士后科学基金面上资助。2017 年全区共获中国博士后科学基金资助的人数达 43 人：其中特别资助 2 人（15 万元/人），一等资助 3 人（8 万元/人），二等资助 23 人（5 万元/人），西部地区博士后人才支持计划 15 人（5 万元/人），获资助总金额为 244 万元。

第二节 各省（区、市）博士后年度招收

一、各省（区、市）博士后年度招收增量分析

（一）2017 年度各省市招收增量比较分析

2017 年，全国各省市招收的博士后总量达 21 136 名，比 2016 年增加 2 892 名。各省均在该年度招收了博士后，见图 2-1。与 2016 年度相比，北京市、广东省、江苏省、上海市和山东省仍然是招收博士后总量排在前

五位的省市，广东省超越江苏省排名第二位，连续两年实现超越。其中，北京市和广东省招收人数占比排名前两位且持续增加，分别增加了1.95%、2.64%，广东省增长幅度最大。江苏省、上海市和山东省招收人数占比有所下降。

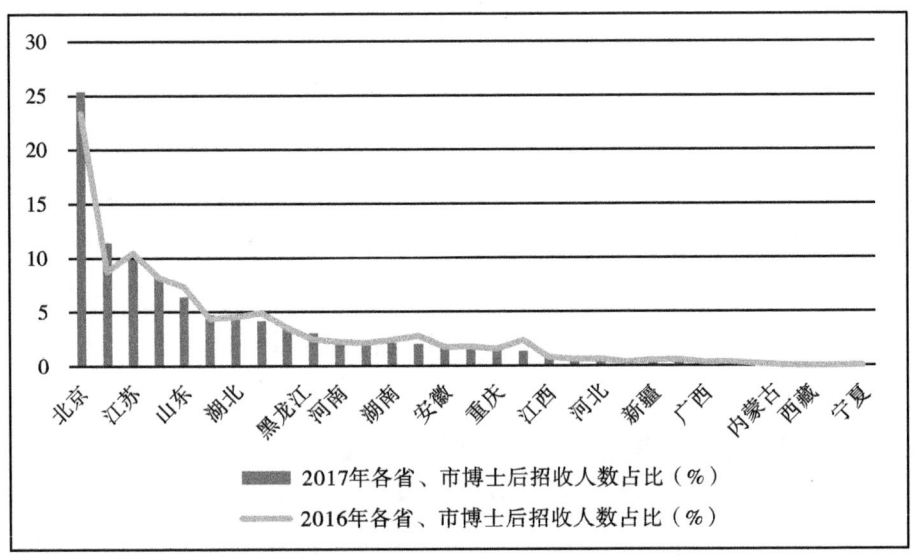

图2-1　2017年与2016年各省（区、市）博士后招收人数占比比较分析

（二）2017年度各区域招收增量情况

分报告基于中华人民共和国行政区域划分的标准，将全国各省市划归到华北地区（包括北京市、天津市、河北省、山西省和内蒙古自治区）、东北地区（包括吉林省、辽宁省和黑龙江省）、华东地区（包括江苏省、上海市、浙江省、江西省、安徽省、福建省和山东省）、华中地区（包括河南省、湖北省和湖南省）、华南地区（包括广东省、广西壮族自治区和海南省）、西南地区（包括四川省、重庆市、西藏自治区、贵州省和云南省）和西北地区（包括新疆维吾尔自治区、陕西省、甘肃省、青海省和宁

夏回族自治区）7 个区域类型，并针对各区域在 2017 年度的博士后招收相比上一年度增量情况做简要分析。

图 2-2 显示，2017 年度博士后招生总量相较上一年度有一定变化，华东地区和华北地区规模比例保持前两位，其中华北地区比例较上年上升了 1.94%，华东地区则下降了 1.94%，两个区域间的差距由 8.06 个百分点缩小至 4.18 个百分点。华南地区招收人数的比例上升明显，上升了 2.72 个百分点，西南地区小幅上升 0.4 个百分点。东北地区、华中地区、西北地区的博士后招收人数占比均有所下降，分别下降了 1.84%、0.21% 和 0.05%。基于以上分析可以判断，华东地区和华北地区仍然是博士后招收的主要聚集地，这与地区内经济发展水平、优质资源集中度有关。华东地区和华北地区拥有的优质高等教育资源、不断发展扩大的新兴产业，对博士后人才提出了很大发展需求，同时也增加了对博士后人才的吸引力。

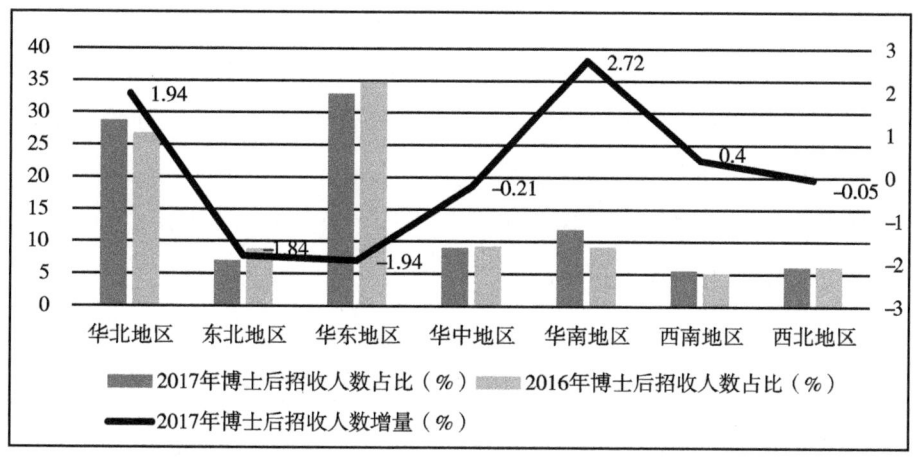

图 2-2　2017 年各区域博士后招收数量占比及增量

广东省博士后招收人数占华南地区的 96%，因此华南地区博士后招生数量占比的增长主要来源于广东省。这得益于2017年广东省着力于建设粤港澳大湾区,是新时代习近平总书记亲自谋划、亲自部署、亲自推动的国家战略,2017年粤港澳大湾区的GDP生产总值突破10万亿元,成为全国经济最活跃的地区。一方面经济发展水平较高、发展速度较快,有更加充分的资源引进和培养博士后人才;另一方面,虽然高层次的高等教育资源并不是很充分,但是高科技企业较多,创新高端技术研发方面需要集聚大量博士后人才。在政策上,广东省出台《关于加快新时代博士和博士后人才创新发展的若干意见》,从拓宽培养途径、加大引进力度、推进顺畅流动、搭建发展平台、加强服务保障等五个方面提出一系列创新举措,集中力量破解制约广东省创新发展的人才问题,加快培养集聚一大批优秀拔尖青年人才。所以博士后招收规模增长相较其他地区迅速,上涨幅度达2.64%。而对于东北地区、华中地区、西南地区和西北地区,由于这些区域无论是在整体的社会经济发展水平上,还是在高等教育资源的配置上均低于华北和华东地区,加上地理位置等原因,对博士后人才的吸引力相对较小,但随着国家西部大开发战略和"一带一路"倡议等提出,这些地区未来将亟须大量高技术专业人才投入,其博士后招收规模在未来可能会上升。

因此,对于我国各大区2017年度博士后招收规模的基本认识如下:

第一,华北地区和华东地区的博士后招收规模远高于东北、华中、华南、西南和西北地区。

第二,除华北、华南、西南地区外,其他各区域博士后招收总量占比均有所下跌。

第三,博士后招收规模有所扩大,但各区域内部各省市在博士后招收数量上存在较大差异,这与各省市经济发展水平和高等教育资源在区域内的配置不均衡密切相关。

二、各省（区、市）博士后年度招收变化分析

（一）全国招收总量及增量的变化

2007—2017年期间，全国各省市招收博士后的总量从7 899人增加到21 136人，增长了2.7倍，总体呈现稳步上升趋势，见图2-3。在2007—2010间，全国招收博士后总量呈波动增长，增加了2 656人。2011年以后，招收人数稳步增长。总体来说，我国近10年来博士后群体得到了较大规模的增长，主要由于经济社会的发展、科技的进步以及高等教育普及化进程的影响，国家对高层次人力资源保持着较高水平的需求。

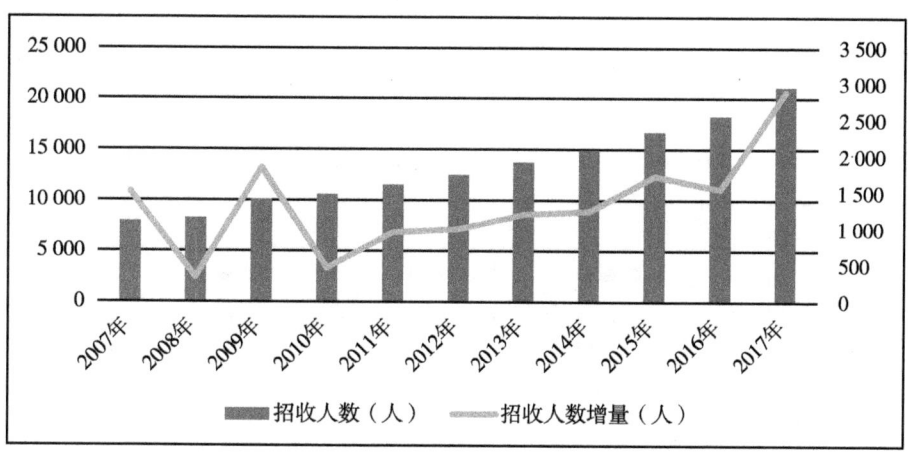

图2-3 2007—2017年全国招收博士后总量及增量变化趋势图

（二）各省市招收总量的变化

2014—2017年期间，全国各省市在博士后的招收总量上及其占比年增量上均发生着一定的变化，招生规模基本保持不断扩大的趋势，有极少数省市自治区有波动的现象，见表2-1。以上一年各省市博士后招收总量和

占比为参照,2017年增幅最多的5省市分别为青海省、四川省、西藏自治区、海南省和广东省。分析2014—2017年期间各省市招收博士后的平均增幅,结果显示,近4年平均增幅最高的省市分别为陕西省、浙江省、广东省、河南省和广西壮族自治区。这些省市之所以在博士后招收规模上取得较大突破,与这些地区近年来在产业结构转型升级,对高层次人才需求量大和高等教育领域的快速发展或本省高等教育较为发达有关。其中广西壮族自治区、西藏自治区、青海省和海南省增长幅度大,主要源于其招收人数基数较小。北京市的博士后招收数量近5年一直保持领先地位,年招收人数保持在4 000人以上并波动增长。其他省市在博士后招收数量上在不断增长,正在提高所占比例,随着各省市的经济发展、高等教育资源的丰富,对博士后人才的需求及吸引力也在不断加大,博士后人才也不再单一地集中在北京市、上海市等一线大城市。

表2-1 2014—2017年全国各省市博士后人员进站及占比年增量变化

省(区、市)	2014年 人数	年增量(%)	2015年 人数	年增量(%)	2016年 人数	年增量(%)	2017年 人数	年增量(%)
安徽	288	0.00	352	0.22	323	-0.08	309	-0.04
北京	4 007	-0.01	4 366	0.09	4 270	-0.02	4 550	0.07
福建	241	0.30	244	0.01	330	0.35	266	-0.19
甘肃	98	0.56	90	-0.08	107	0.19	73	-0.32
广东	894	0.18	1 218	0.36	1 598	0.31	1 924	0.20
广西	71	0.69	97	0.37	63	-0.35	63	0.00
贵州	38	0.19	52	0.37	66	0.27	47	-0.29
海南	5	-0.67	9	0.80	8	-0.11	10	0.25
河北	104	-0.13	166	0.60	116	-0.30	84	-0.28
河南	307	0.41	362	0.18	408	0.13	405	-0.01

续表

省（区、市）	2014年 人数	年增量（%）	2015年 人数	年增量（%）	2016年 人数	年增量（%）	2017年 人数	年增量（%）
黑龙江	590	-0.03	735	0.25	655	-0.11	645	-0.02
湖北	628	0.08	655	0.04	831	0.27	883	0.06
湖南	331	-0.05	356	0.08	445	0.25	413	-0.07
吉林	408	-0.06	393	-0.04	434	0.10	263	-0.39
江苏	1 569	0.23	1 616	0.03	1 916	0.19	1 689	-0.12
江西	89	0.27	117	0.31	140	0.20	96	-0.31
辽宁	385	0.02	453	0.18	513	0.13	341	-0.34
内蒙古	50	0.00	42	-0.16	39	-0.07	30	-0.23
宁夏	7	0.75	3	-0.57	8	1.67	3	-0.63
青海	4	-0.60	7	0.75	2	-0.71	4	1.00
山东	878	0.21	953	0.09	1 342	0.41	1 094	-0.18
山西	77	-0.87	59	-0.23	66	0.12	76	0.15
陕西	654	6.43	843	0.29	897	0.06	814	-0.09
上海	1 445	0.19	1 479	0.02	1 496	0.01	1 611	0.08
四川	399	0.06	547	0.37	455	-0.17	573	0.26
天津	354	0.40	388	0.10	394	0.02	365	-0.07
西藏	0	0.00	3	0.00	4	0.33	5	0.25
新疆	90	-0.04	83	-0.08	103	0.24	77	-0.25
云南	100	0.06	103	0.03	119	0.16	121	0.02
浙江	574	0.06	637	0.11	807	0.27	853	0.06
重庆	279	0.37	266	-0.05	289	0.09	287	-0.01

基于上述分析，对近5年来抽样年份中招收博士后数量占比增量位居前5的省市进行进一步考察，即广东省、浙江省、河南省、湖北省和陕西省。如图2-4所示，近5年来，广东省、浙江省和湖北省博士后招收规模

持续上涨；河南省和陕西省招收规模增长较不稳定，变化较大。2017年，广东省、浙江省和湖北省三省中，广东省的增幅最大。陕西省和河南省较去年有所下降，但长期保持增长趋势。

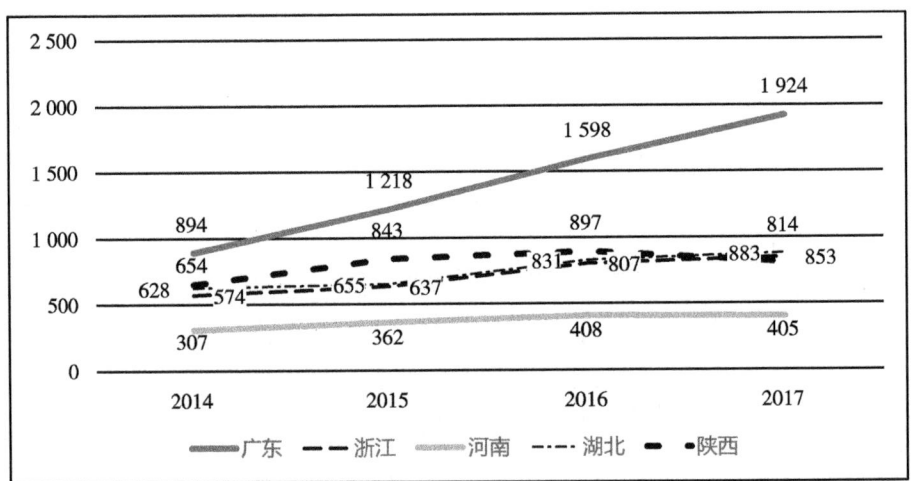

图2-4 博士后招收增量最多的五省招收变化趋势

（三）东中西部招收总量的变化

十九大报告中，最为核心的思想就是"经过长期努力，中国特色社会主义进入了新时代，这是我国发展的新的历史方位"。与以往的党的大会报告不同，这个社会经济的新蓝图没有提出2020年的短期经济增长目标，也没有给出诸如"翻一番"的中期具体数字目标，而更着重了长期的经济发展框架，即把全面建立中国社会主义现代化强国分成两步走。这个社会经济发展蓝图既不强求经济增长的数字成绩单，也再不执着透过宏观调控达到经济增长的数字目标，而是要全面提升经济发展的质量与效率，以此实现经济增长方式、产业结构、经济发展战略全面转型，让经济增长真正走向中国式的内生性的高质有效的增长之路。目前，我国各区域经济增长速度显著加快，但由于区域经济发展不平衡，发展水平的差距扩大，因此各地区高等教育的发展和高层人才的需求和培养存在较大差异。

基于此，在分析全国总体和各省市博士后招收情况的基础上，报告中从东、中、西部的维度来分别考察各地区近5年招收博士后规模的变化情况，见图2-5。东部地区包括北京市、天津市、河北省、辽宁省、上海市、江苏省、浙江省、福建省、山东省、广东省和海南省；中部地区包括山西省、内蒙古自治区、吉林省、黑龙江省、安徽省、江西省、河南省、湖北省、湖南省、广西壮族自治区；西部地区包括重庆市、四川省、贵州省、云南省、西藏自治区、陕西省、甘肃省、青海省、宁夏回族自治区、新疆维吾尔自治区。

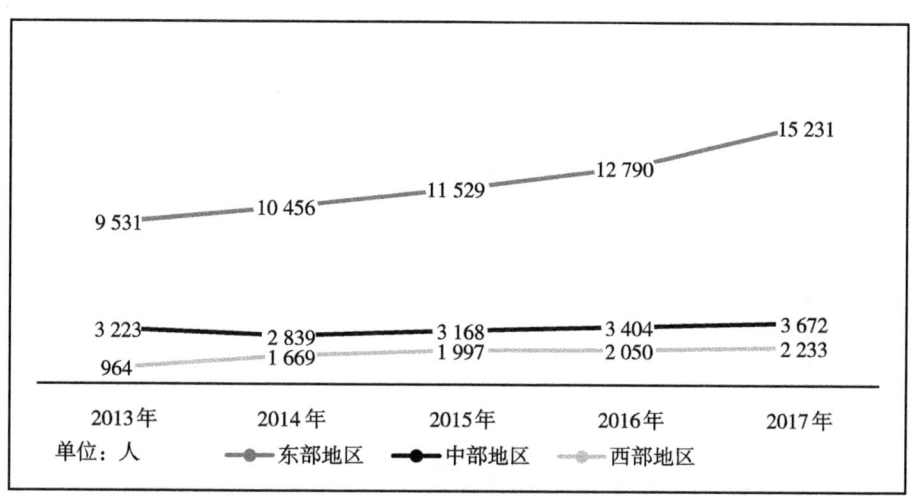

图2-5 2013—2017年东、中、西部博士后招收总量变化趋势

图2-5表明，2013—2017年期间，东、中、西部博士后招收总量呈现出以下特点：东部地区在博士后招收数量上远大于同年度中、西部地区博

士后招收数量的总和；除中部地区招收总量在2014年出现小幅度下滑现象以外，三个地区的招收规模总体呈现上升趋势。在个别年份出现的下滑现象有着极大的偶然性，与各地区的经济发展形势、高等教育的发展策略、与博士后相关的政策导向及其实施效果的影响等有关，同时还受到各地区内部不同省市之间差异的影响。鉴于此，本报告还将分析东、中、西部三个地区内部近5年来在招收博士后规模上的一些变化。

东部地区各省市博士后招收数量占比的变化趋势见图2-6，从分析结果来看，东部地区博士后招收数量占全国招收总量的比例在2015年略有下降，总体维持在69%左右，到2016和2017年有所回升，占比达到72%。从东部地区内部各省市的贡献度看，北京市、上海市、江苏省和广东省对于东部地区整个博士后招收规模的影响最大。广东省2017年博士后招收规模与东部其他省市相比增幅最大，从2016年的8.76%上升至2017年的

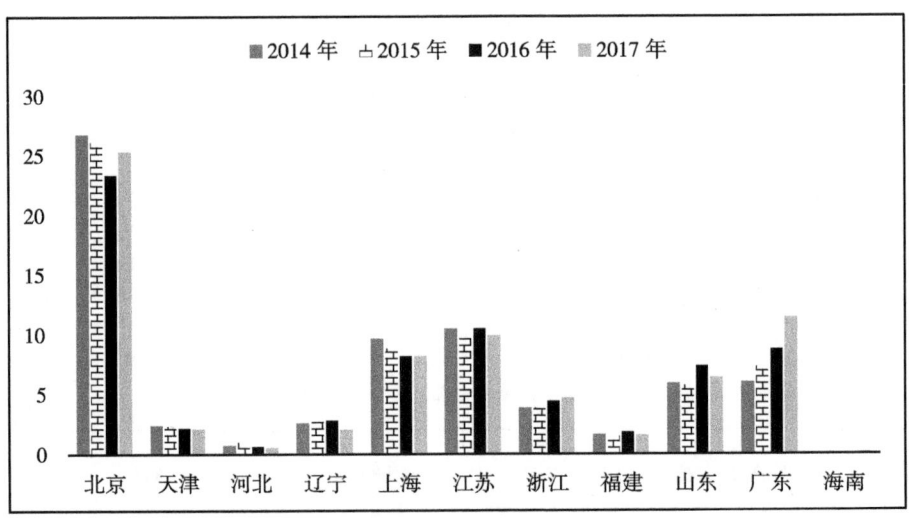

图2-6　2014—2017年东部地区博士后招收数量占比变化趋势

11.40%，增长了 2.64 个百分点；山东省降幅最大，从 2016 年的 7.36% 下降至 2017 年的 6.35%，下降了了 1.01 个百分点。此外，北京市、浙江省和海南省有所上涨，分别上涨 1.95、0.25、0.04 个百分点；天津市、河北省、辽宁省、上海市、江苏省和福建省在博士后招收占比上相较前一年均有所下降，分别下降 0.06、0.11、0.81、0.03、0.62、0.27 个百分点。

分析图 2-7 可以看出，中部地区博士后招收数量占全国招收总量的比例呈现下降的趋势，2015 年上升至最高值 18.96% 后持续下跌，2017 年下降到 17.37%。从中部地区内部各省市的贡献度看，仍然是黑龙江省和湖北省对于中部地区博士后招收规模的影响最大，分别占 3.59% 和 4.47%。在中部地区各省市招收数量占全国招收总量的比例这一指标上，黑龙江省占比保持不变，吉林省、安徽省、江西省、湖北省和湖南省占比有所降低，分别降低 1.04、0.15、0.1、0.08、0.35 个百分点。

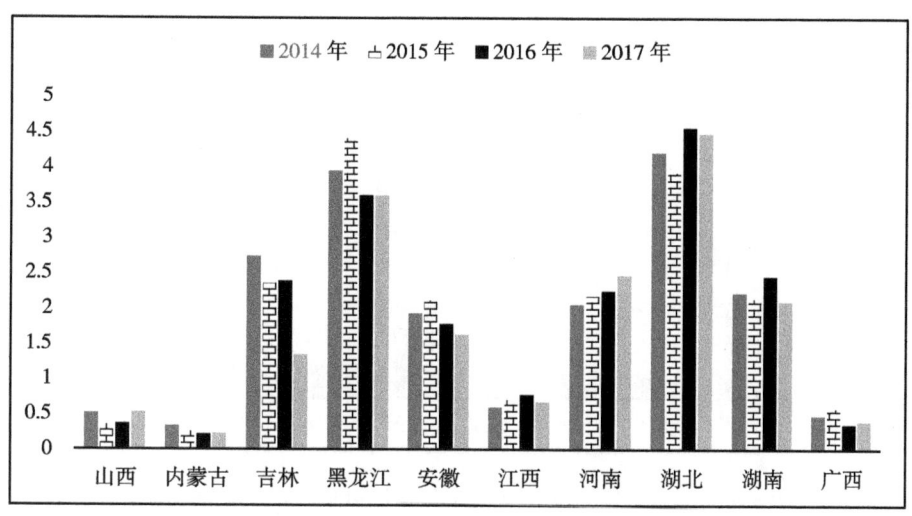

图 2-7　2014—2017 年中部地区博士后招收数量占比变化趋势

分析图 2-8 可以看出，西部地区招收博士后数量占全国招收总量的比例呈现下降的趋势，与中部地区类似，2015 年上升至最高值 11.97% 后持续下跌，2017 年下降到 10.56%。从西部地区内部各省市的贡献度看，重庆市、四川省和陕西省对于西部地区整个博士后招收规模的影响最大。在各地招收数量占全国招收总量的比例这一指标上，重庆市博士后招收占比由 2014 年的 1.86% 持续下降至 2017 年的 1.44%，但仍然在西部地区名列前茅。陕西省在其间发生了相对较大幅度的变化，尤其是 2015 年增幅最大，上升至 5.05%，但在 2017 年又大幅度下降至 4.14%；四川省占比发生波动型的增长，2015 年大幅增长至 3.28%，2016 年大幅下降至 2.49%，在 2017 年又回升至 3%；除此之外，贵州省、西藏自治区和青海省小幅上涨了 0.02、0.03、0.02 个百分点，其他各省均有所下降。

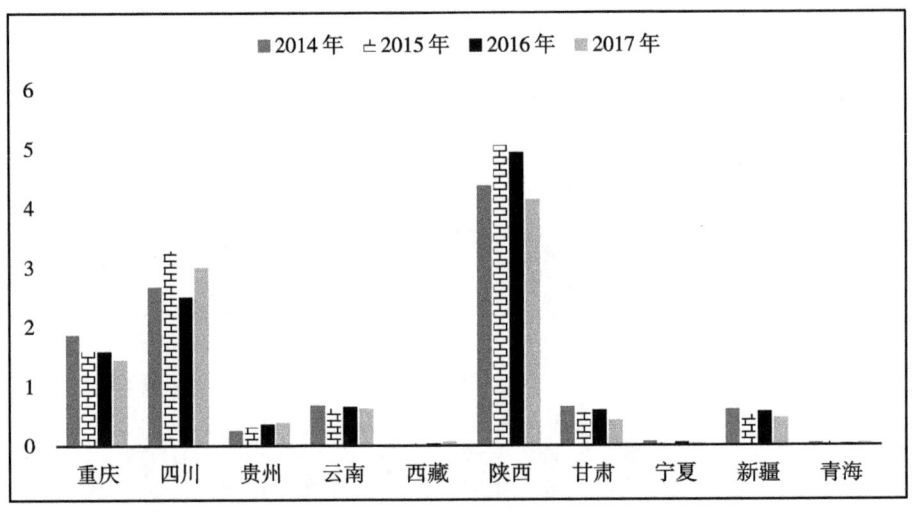

图 2-8　2014—2017 年西部地区博士后招收数量占比变化趋势

第三节 我国博士后科学基金省市年度资助

一、各省市博士后获得年度基金资助情况

对于博士后研究人员的基金资助主要包括面上资助、特别资助、优秀学术专著出版资助和联合资助。2017年,财政部实际拨出博士后基金经费总额48 475万元,其中用于面上资助36 700万元、特别资助11 775万元、联合资助优秀博士后项目1 000万元、"博士后创新人才支持计划"18 000万元。2017年共开展面上资助两批次,特别资助一批次,获资助博士后研究人员7 438人,其中面上资助6 653人(含"西部地区博士后人才资助计划"100人),特别资助785人;资助出版优秀学术专著34本,与中科院开展联合资助优秀博士后项目,共资助50人;与全国博士后管理委员会办公室联合开展"博士后创新人才支持计划",共资助300人。国家对博士后的发展越来越重视,提供的资助金额也达到历史新高。截至2017年,资助金额总计38.5亿元,资助博士后研究人员7万余人。

2016年与2017年各批次博士后基金资助金额分布见图2-9。统计结果显示,与第59批和第60批博士后基金面上资助的经费额度相比,除第61批和第62批博士后基金面上资助二等资助的金额高于第59批和第60批面上资助二等资助外,第61批和第62批博士后基金一等资助金额有所下降,与2016年相比较,2017年的特别资助金额也有所下降。但总体来看,2017年度博士后基金受资助人数和资助金额较2016年都有所上升。

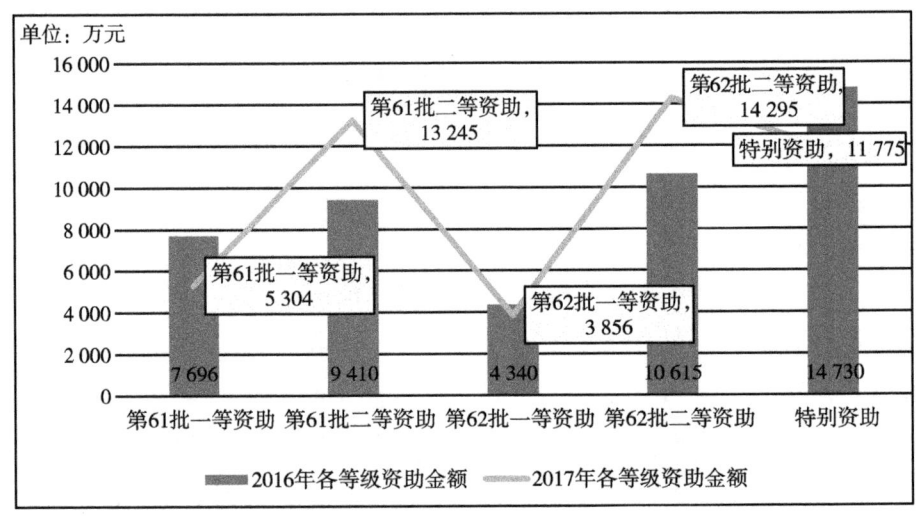

图 2-9　2016 年与 2017 年各批次博士后基金资助金额分布①

2017 年全国各省市获得基金资助情况见表 2-2。基于全国博士后基金资助的总体情况分析，将博士后资助的类型在各省市的分布情况做了全面对比。

总的来说，2017 年北京市、江苏省、广东省、上海市、陕西省的博士后资金资助经费占全国总经费的比例位列前五，分别为 19.58%、12.21%、9.07%、8.97%、7.61%。与 2016 年相比，前两位排名没有变化，广东省赶超上海市和陕西省排名第三。2016 年排名第三的上海市在 2017 年的博士后资金资助经费占全国总经费的比例中名列第四，被广东省超越；2016 年排名第四的陕西省在 2017 年的博士后资金资助经费占全国总经费的比例中名列第五，被广东省超越。青海和西藏没有获得任何批次的资助，相比 2016 年未获任何资助的情况，海南于 2017 年获得第 62 批次的 5 万元面上资助中的二等资助，占比为 0.01%。各省市在获得博士后基金经费资助额

---

① 图中数据不包含军队系统，特别资助中不包含"香江学者计划"资助金额。

度上存在较为明显的差异。

表 2-2 2017 年全国各省市获得基金资助情况表（单位：万元）

省 (区、市)	第 61 批 一等资助	第 61 批 二等资助	第 62 批 一等资助	第 62 批 二等资助	第 10 批 特别资助	一等资助 百分比	二等资助 百分比	特别资助 百分比
北京	1 264	2 385	712	2 810	2 220	4.12	10.83	4.63
江苏	608	1 575	424	1 560	1 695	2.15	6.53	3.53
广东	504	1 255	344	1 540	705	1.77	5.83	1.47
上海	552	1 145	440	1 295	870	2.07	5.09	1.81
陕西	360	1 065	344	920	960	1.47	4.14	2.00
山东	432	1 075	144	1 075	705	1.20	4.48	1.47
湖北	224	600	304	895	795	1.10	3.12	1.66
黑龙江	144	390	128	455	570	0.57	1.76	1.19
四川	168	375	104	425	450	0.57	1.67	0.94
浙江	160	440	192	490	225	0.73	1.94	0.47
湖南	168	310	160	290	330	0.68	1.25	0.69
辽宁	96	405	48	315	270	0.30	1.50	0.56
吉林	88	255	32	250	405	0.25	1.05	0.84
安徽	48	285	72	245	345	0.25	1.10	0.72
重庆	112	255	88	245	285	0.42	1.04	0.59
河南	64	215	56	290	240	0.25	1.05	0.50
天津	72	200	48	245	240	0.25	0.93	0.50
福建	96	205	80	270	150	0.37	0.99	0.31
江西	32	100	32	90	60	0.13	0.40	0.13
云南	16	100	8	45	75	0.05	0.30	0.16
甘肃	24	60	32	65	45	0.12	0.26	0.09
河北	32	55	24	60	45	0.12	0.24	0.09

续表

省 (区、市)	第61批		第62批		第10批 特别资助	一等资助 百分比	二等资助 百分比	特别资助 百分比
	一等 资助	二等 资助	一等 资助	二等 资助				
山西	24	55	8	40	60	0.07	0.20	0.13
广西	16	90	8	25	30	0.05	0.24	0.06
新疆	0	55	8	40	0	0.02	0.20	0.00
贵州	0	25	16	40	0	0.03	0.14	0.00
内蒙古	0	15	0	15	0	0	0.06	0
宁夏	0	5	0	5	0	0	0.02	0
海南	0	0	0	5	0	0	0.01	0
青海	0	0	0	0	0	0	0	0
西藏	0	0	0	0	0	0	0	0

注：上述数据不包含军队系统，其中面上资助中不包含"西部地区博士后人才资助计划"资助额度；特别资助中不包含"香江学者计划"资助额度。

从各省获得的不同类型博士后基金资助总额的占比来看，各省市获得61批和62批面上资助中一等资助的经费额度占全国同批次经费总额度比例最高的包括：北京市（4.12%）、江苏省（2.15%）和上海市（2.07%），而在这两个批次中一等资助上没有获得任何资助的省份数量和省份与2016年相同，仍然为5个，仍然是内蒙古自治区、宁夏回族自治区、西藏自治区、海南省和青海省。各省市获得61批和62批面上资助中二等资助的经费额度占全国同批次经费总额度比例最高的包括：北京市（10.83%）、江苏省（6.53%）和广东省（5.83%），与2016年相比，没有获得这两个批次的二等资助的仍然是西藏自治区和青海省。各省市获得特别资助的经费额度占全国特别资助总额度比例最高的包括：北京市（4.63%）、江苏省（3.53%）和陕西省（2%），排名与2016年相同。没有获得特别资助的省份数量从2016年的6个变为了7个，分别为新疆维吾尔自治区、贵州省、内蒙古自治区、宁夏回族自治区、海南省、青海省和西藏自治区。

二、东、中、西部各批次资助经费分布情况

基于前述内容中已针对全国东、中、西部各地区分析了近5年来招收博士后规模的变化，由于东、中、西部在招收博士后规模上存在较大的差异，因此，在博士后基金经费资助的占有额上势必也有着显著的区别，见图2-10。结果表明，2017年期间，博士后基金资助经费在东、中、西部的分布上呈现出以下特点：无论是面上资助还是特别资助，东部地区资助经费总额远大于中部、西部地区同类型资助经费的总和；在各批次的博士后基金资助经费中，资助总额在东、中、西部各地区呈现依次递减；西部地区获得的面上资助经费总额已经慢慢向中部地区靠近。

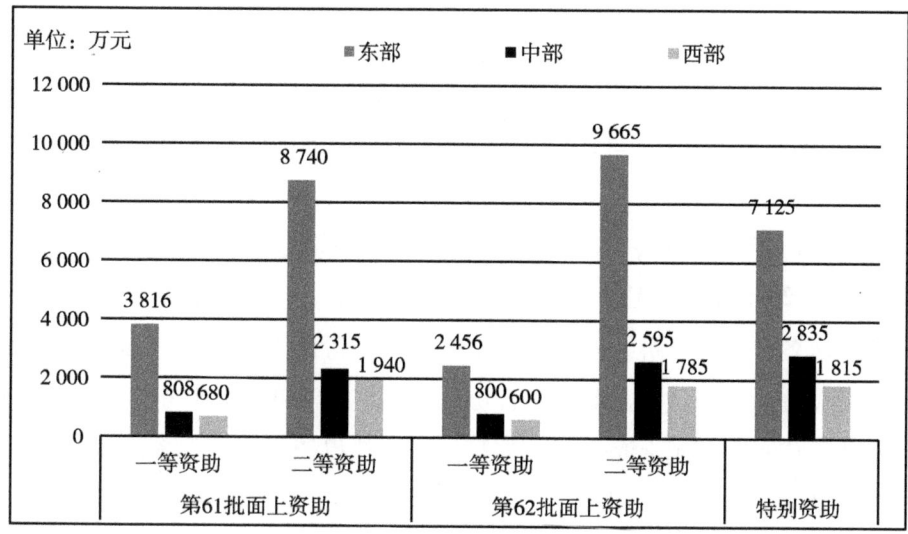

图2-10　2017年东、中、西部各批次博士后资助经费分布①

---

① 图2-10至17图中数据不包含军队系统，其中面上资助中不包含"西部地区博士后人才资助计划"资助额度；特别资助中不包含"香江学者计划"资助额度。

2016 年和 2017 年不同地区获得博士后基金资助的比例见图 2-11。通过对比可知，东部地区获得博士后基金资助总额的比例上升，中部地区和西部地区的比例有小幅度下降。就资助总金额来看，2017 年东部地区、中部地区和西部地区都有所减少。

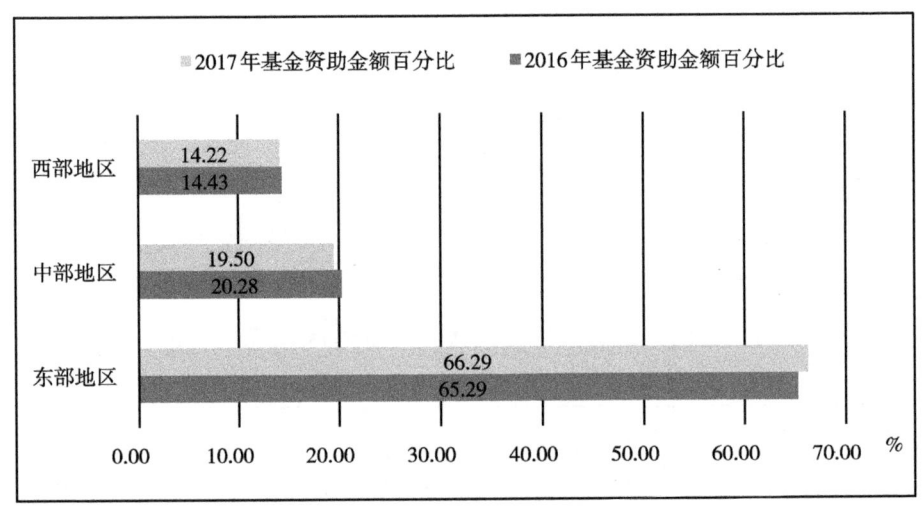

图 2-11 2016 年与 2017 年东、中、西部博士后基金资助获得比例

2017 年东部地区各省市获得博士后资助金额占总金额的百分比见图 2-12，与 2016 年获得基金资助金额占总金额百分比的对比见图 2-13。从东部地区各省市的分析结果来看，东部地区获得博士后基金资助金额占博士后基金资助总额百分比前三的省份是北京市、江苏省和广东省，与 2016 年相比，广东省超越上海市，成为第三名；获得博士后基金资助金额百分比较低的省份依然是福建省、河北省和海南省，与 2016 年情况相同。与 2016 年相比，广东省、山东省、浙江省、天津市、福建省、河北省和海南省获得博士后基金资助金额占总额百分比有所上升，北京市、江苏省、上海市、辽宁省有所下降，海南省 2016 年未获得任何资助，到 2017 年获得了第 62 批二等资助 5 万元。

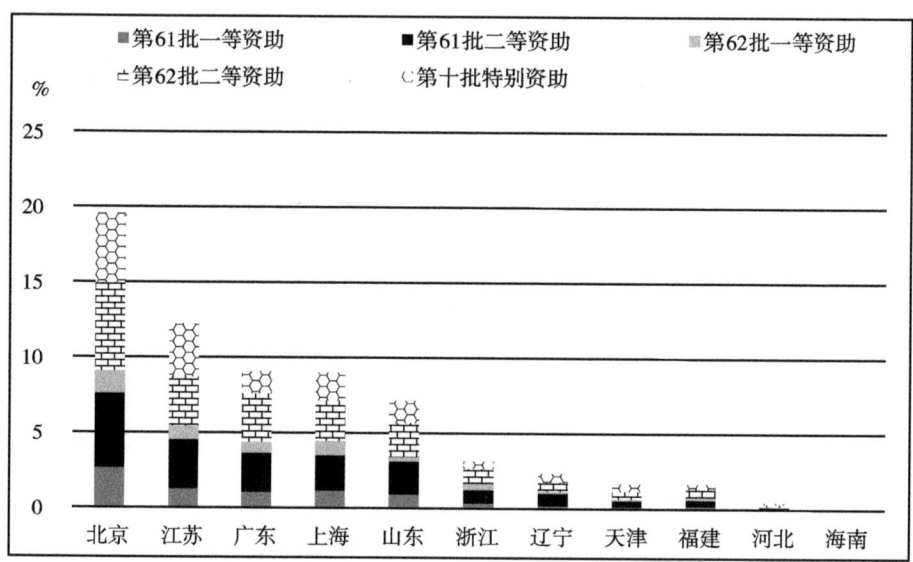

图 2-12 2017 年东部地区各省市获得博士后资助金额占总额百分比

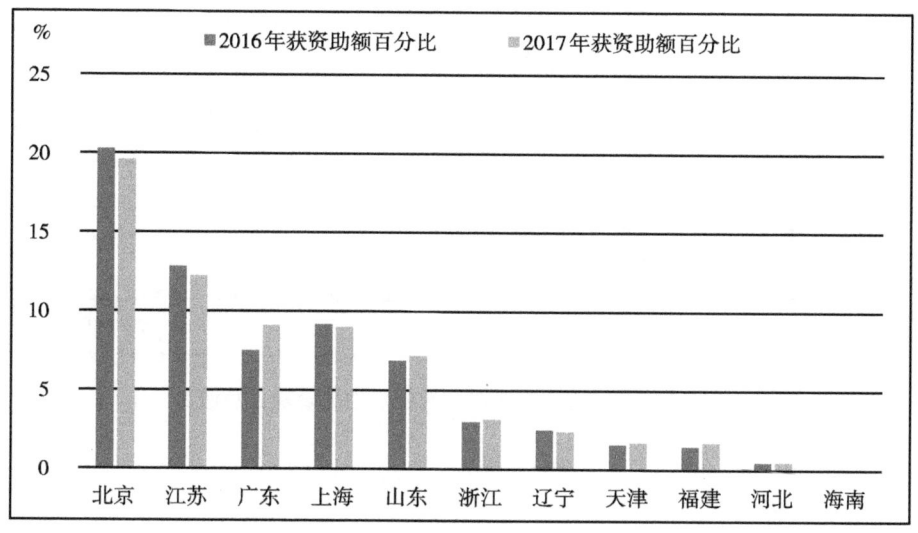

图 2-13 2016 年与 2017 年东部地区各省市获得资助金额占总额百分比

2017年中部地区各省市获得博士后资助金额占总金额的百分比见图2-14，与2016年获得基金资助金额占总金额百分比的对比见图2-15。从中部地区各省市的分析结果来看，中部地区获得博士后基金资助金额占博士后基金资助总额百分比前三的省份为湖北省、黑龙江省和湖南省，湖南省超过安徽省排名第三，2016年排名第三的安徽省在2017年排名第五；获得博士后基金资助金额百分比较低的省份依然为广西壮族自治区、山西省、内蒙古自治区，与2016年情况相同，不同的是山西省排名超越了广西壮族自治区。与2016年相比，湖北省、湖南省、江西省、广西壮族自治区、山西省、内蒙古自治区所获博士后基金资助金额占总额百分比有所上升，黑龙江省、安徽省、吉林省、河南省的百分比有所下降。

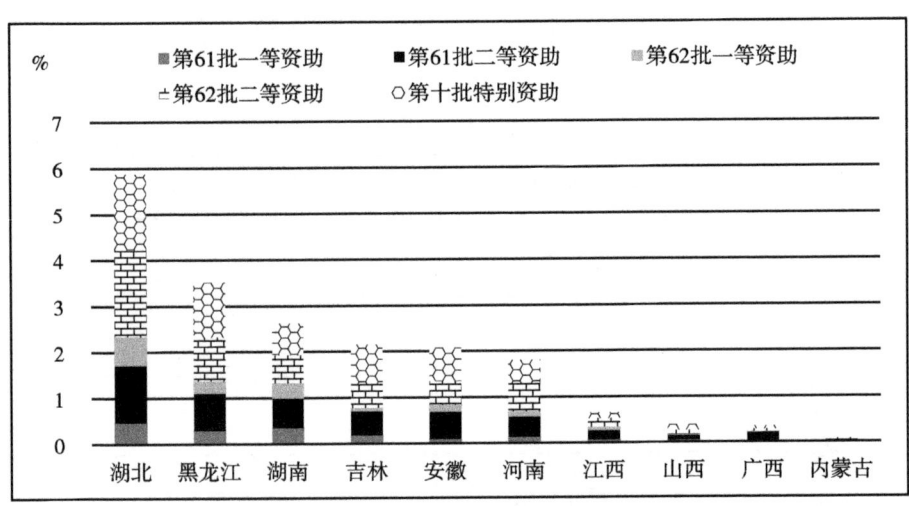

图2-14 2017年中部地区各省市博士后资助金额占总额百分比

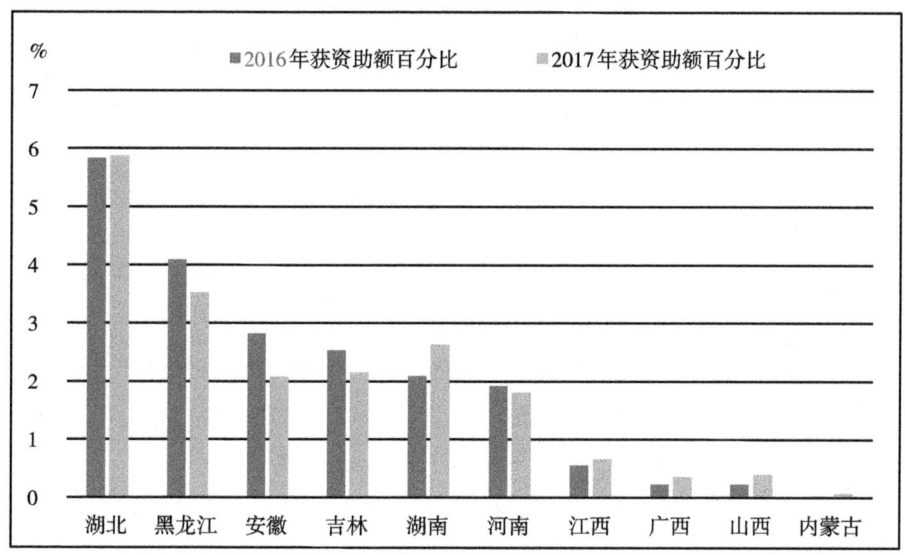

图 2-15　2016 年与 2017 年中部地区各省市获得资助金额占总额百分比

2017 年西部地区各省市获得博士后资助金额占总金额的百分比见图 2-16，与 2016 年获得基金资助金额占总金额百分比的对比见图 2-17。从西部地区各省市的分析结果来看，西部地区获得博士后基金资助金额占博士后基金资助总额百分比前三的省份为陕西省、四川省和重庆市，与 2016 年相比没有差异；获得博士后基金资助金额百分比较低的省份依然为宁夏回族自治区、西藏自治区、青海省，与 2016 年情况相同，不同的是宁夏回族自治区的排名超越了青海省和西藏自治区。与 2016 年相比，重庆市、云南省、贵州省、宁夏回族自治区所获博士后基金资助金额占总额百分比有所上升，陕西省、四川省、甘肃省、新疆维吾尔自治区和青海省的百分比有所下降。

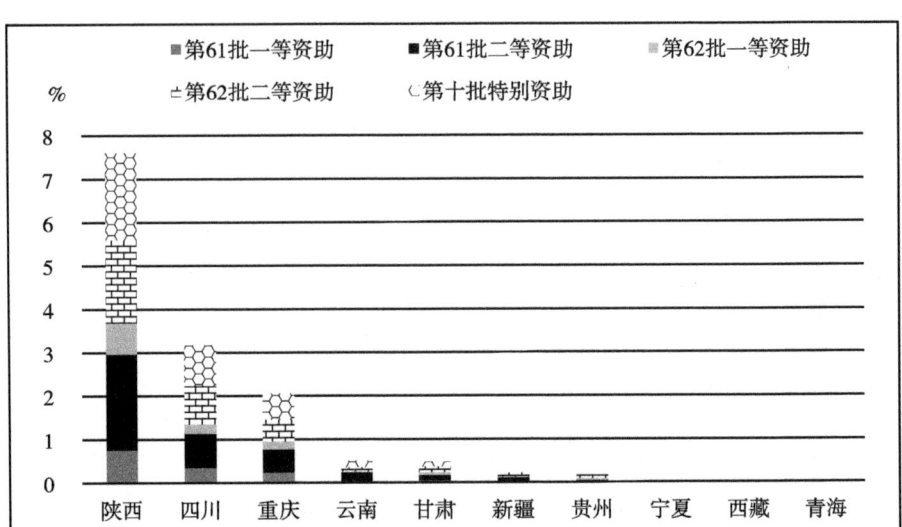

图 2-16　2017 年西部地区各省市博士后资助金额占总额百分比

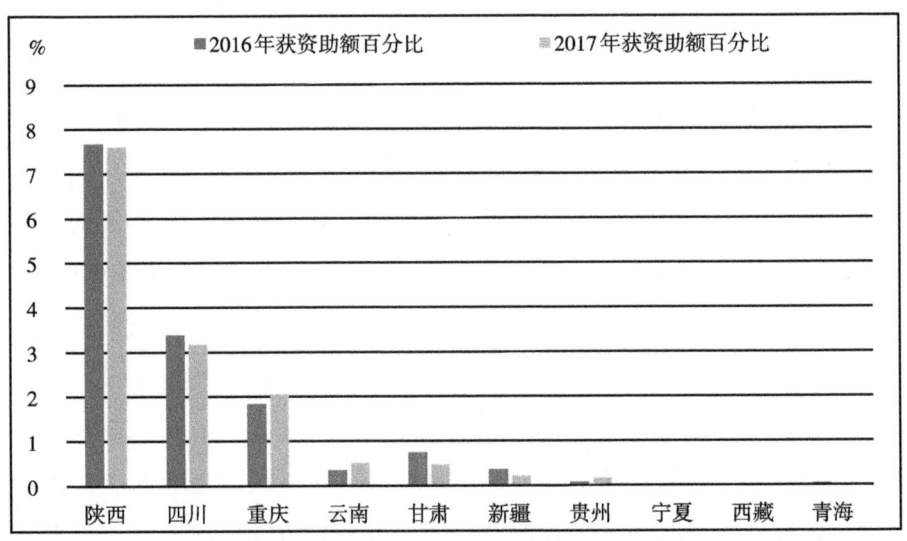

图 2-17　2016 年与 2017 年西部地区各省市获得资助金额占总额百分比

参考文献

1. 北京市人力资源和社会保障局. 全国博士后学术交流会暨"建筑遗产保护与协同创新"论坛开幕式近日举行［EB/OL］. http://www.bjrbj.gov.cn/xxgk/gzdt/201712/t20171206_69387.html.

2. 上海市人力资源和社会保障局. 关于外籍高校毕业生来沪工作办理工作许可有关事项的通知［EB/OL］. http://www.12333sh.gov.cn/201712333/xxgk/flfg/gfxwj/jygl/03/201711/t20171103_1268798.shtml.

3. 浙江博士后. 关于表彰奖励2017年度浙江省优秀博士后的决定.［EB/OL］. http://zjbsh.zjhwrc.com/posts/39.

4. 安徽省人力资源和社会保障厅. 关于印发安徽省博士后工作经费管理办法的通知［EB/OL］. http://www.ah.hrss.gov.cn/web/news/401/130835.html.

5. 安徽省人力资源和社会保障厅. 关于印发安徽省博士后管理工作规定的通知［EB/OL］. http://www.ah.hrss.gov.cn/web/news/2423/131814.html.

6. 福建省人力资源和社会保障厅. "海峡博士后交流资助计划"政策介绍［EB/OL］. http://rst.fujian.gov.cn/zw/zcjd/bmzcwjjd/201712/t20171208_912238.html.

7. 福建省人力资源和社会保障厅［EB/OL］. http://rst.fujian.gov.cn/

8. 江西省人力资源和社会保障厅. 关于印发《关于创建省级服务支持人才创新创业示范基地实施办法》的通知［EB/OL］. http://www.jxhrss.gov.cn/view.aspx?TaskNo=001004&ID=133126.

9. 江西省人力资源和社会保障厅. 关于印发《深化人才发展体制机制改革若干措施》的通知［EB/OL］. http://www.jxhrss.gov.cn/view.aspx?TaskNo=008025001&ID=132632.

10. 广东省人力资源和社会保障厅. 关于加快新时代博士和博士后人

才发展的若干意见［EB/OL］. http://www.gdhrss.gov.cn/zyjsrc/20171222/14273.html.

11. 云南省人力资源和社会保障厅. 云南省人力资源和社会保障厅关于加强博士后管理工作有关问题的通知［EB/OL］. http://www.ynhrss.gov.cn/Uploads/NewsPhoto/2017-07-13/5f0207a5-578b-41d9-bd20-d94fd565d4d8.pdf.

12. 宁夏人力资源和社会保障网. 宁夏人力资源和社会保障信息［EB/OL］. http://www.nxhrss.gov.cn/gzdt/rsxx/201801/t20180115_667858.html.

13. 朱家荣. 广西出台加强博士后管理工作实施办法［J］. 人事天地, 2017（11）: 65.

14. 北晚新视觉. 京津冀联合招聘博士后, 78家单位纷纷开出优厚待遇［EB/OL］. http://www.takefoto.cn/viewnews-1334567.html.

15. 北京晚报. 京津冀联合招聘博士后, 78家单位纷纷开出优厚待遇, 用人单位争相参会"拼桌"招聘［EB/OL］. http://www.bjrbj.gov.cn/mtgz/mtgz_1714/201712/t20171208_69417.html.

16. 浙江省人力资源和社会保障厅［EB/OL］. http://www.zjhrss.gov.cn/

17. 四川省人力资源和社会保障厅. 砥砺奋进的五年——党的十八大以来我省人才人事亮点工作成就［EB/OL］. http://www.sc.hrss.gov.cn/ywzl/jczwnxysjd/ldcg/201710/t20171013_64963.html.

18. 福建省人力资源和社会保障厅. 全省博士后工作推进会在福州召开［EB/OL］. http://rst.fujian.gov.cn/xw/zyxw/201709/t20170928_873801.html.

19. 江西省人力资源和社会保障厅. 强磁场 聚才俊——我省专业技术人才使用培养综述［EB/OL］. http://hrss.jiangxi.gov.cn/view.aspx?TaskNo=001011&ID=131882.

20. 广东省人力资源和社会保障厅. 关于加快新时代博士和博士后人

才发展的若干意见［EB/OL］. http://www.gdhrss.gov.cn/gsgg/20171222/10711.html.

21. 搜狐财经. 北京：2017 年度拟增设博士后科研工作站分站名单［EB/OL］. https://www.sohu.com/a/207699429_208907.

22. 浙江省人力资源和社会保障厅［EB/OL］. http://www.zjhrss.gov.cn/

23. 安徽省人力资源和社会保障厅. 关于中科电力装备集团有限公司等 44 个单位设立第八批省级博士后科研工作站的通知［EB/OL］. http://www.ah.hrss.gov.cn/web/news/2423/131320.html.

24. 福建省人民政府. 福建省人民政府办公厅关于加强山区专业技术人才队伍建设十条措施的通知［EB/OL］. http://www.fujian.gov.cn/zc/zfxxgkl/gkml/fzsj/201711/t20171128_1414965.html.

25. 福建省人力资源和社会保障厅［EB/OL］. http://rst.fujian.gov.cn/

26. 江西省人力资源和社会保障厅. 2017 年博士后创新实践基地入闱单位名单公示［EB/OL］. http://hrss.jiangxi.gov.cn/view.aspx?TaskNo=001006&ID=132363.

27. 江西省人民政府. 省人社厅深化人才发展体制机制改革若干措施新闻发布会在南昌举行［EB/OL］. http://www.jiangxi.gov.cn/art/2017/10/12/art_5862_216778.html.

28. 长沙晚报. 掌上长沙. 湖南 8 单位获准新设立博士后科研站（名单）［EB/OL］. https://baijiahao.baidu.com/s?id=1616247696729288648&wfr=spider&for=pc.

29. 广东省人力资源和社会保障厅. 广东政策频出加快博士和博士后人才创新发展，深化人才体制机制改革，打造南粤青年人才高地［EB/OL］. http://www.gdhrss.gov.cn/gzdt/10965.jhtml.

30. 四川省人力资源和社会保障厅. 省人社厅召开四川省博士后创新

实践基地管理办法专家论证座谈会 [EB/OL]. http://www.sc.hrss.gov.cn/zwgk/zwyw/201806/t20180611_74575.html.

31. 贵州省人力资源和社会保障网. 贵州深耕大数据"双创"沃土 [EB/OL]. https://www.gzrst.gov.cn/gzdt/xwdt/201711/t20171117_3006459.html.

32. 山西省人力资源和社会保障厅. 2017年度山西省人力资源和社会保障事业发展统计公报 [EB/OL]. http://www.sx.hrss.gov.cn/zwyw/tzgg/201808/t20180802_13445.html.

33. 福建省人力资源和社会保障厅. 全省博士后工作推进会在福州召开 [EB/OL]. http://rst.fujian.gov.cn/xw/zyxw/201709/t20170928_873801.html.

34. 河北省人力资源和社会保障厅. 关于开展博士后创新实践基地评估工作的通知 [EB/OL]. http://www.hbrsw.gov.cn/a/tongzhi/2017/0307/4443.html.

35. 云南省人力资源和社会保障厅. 云南省人力资源和社会保障厅关于批准设立首批省级博士后科研流动站和科研工作站的通知 [EB/OL]. http://www.ynhrss.gov.cn/Uploads/NewsPhoto/2017-11-29/6e9a674b-1613-4939-880e-ac9ad1df5295.pdf.

36. 本溪市人民政府. 打造人才驱动振兴发展新引擎"本溪人才工作宣传月"活动即日启动 [EB/OL]. http://www.benxi.gov.cn/News.asp?ID=2053198.

37. 安康市人力资源和社会保障局网站. 我市2个单位获准设立陕西省博士后创新基地 [EB/OL]. http://akrs.ankang.gov.cn/akrs/Article/ShowArticle.asp?ArticleID=6181.

38. 青海省人力资源和社会保障厅. 青海省交通科学研究院博士后科研工作站正式挂牌 [EB/OL]. http://www.qhhrss.gov.cn/pages/zxzx/rsyw/61331.html?frompage=homepage.

39. 广西壮族自治区人民政府门户网［EB/OL］. http://www.gxzf.gov.cn/.

40. 北京市人力资源和社会保障局. 北京市人力资源和社会保障局关于2017年北京市博士后工作经费资助专家评审会评审结果的公示［EB/OL］. http://www.bjrbj.gov.cn/xxgk/gsgg/201708/t20170823_67472.html.

41. 重庆市人力资源和社会保障局. 重庆市人力资源和社会保障局办公室关于公布2017年重庆市博士后创新人才支持计划人选及有关事项的通知［EB/OL］. http://m.cqhrss.gov.cn/c/2017-12-22/509391.shtml.

42. 浙江海外人才. 2017年度浙江省博士后生活补助、安家补助公示［EB/OL］. http://www.zjhrss.gov.cn/art/2017/10/31/art_1452578_15316791.html.

43. 广东省人力资源和社会保障厅. 广东省人力资源和社会保障厅关于省十三届人大一次会议第1687号代表建议会办意见的函［EB/OL］. http://www.gdhrss.gov.cn/jybl/13957.jhtml.

44. 福建省人力资源和社会保障厅. 福建省人力资源和社会保障厅福建省财政厅关于印发《海峡博士后交流资助计划（试行）》的通知［EB/OL］. http://rst.fujian.gov.cn/zw/zfxxgk/zfxxgkml/gfxwj/201705/t20170531_918759.html.

45. 江西省人力资源和社会保障厅. 关于公布2017年江西省博士后科研项目资助人员名单的通知［EB/OL］. http://hrss.jiangxi.gov.cn/view.aspx?TaskNo=006009003&ID=134660.

46. 湖南省人力资源和社会保障厅. 关于申报2018年度博士后研究人员日常经费资助的通知［EB/OL］. http://rst.hunan.gov.cn/.

47. 海南省人力资源和社会保障厅. 2017年海南省博士后资助评审结果公示［EB/OL］. http://www.hnslss.com/zxdt/gonggaogongshi/316.html.

48. 河北省人力资源和社会保障厅［EB/OL］. http://www.hbrsw.gov.cn/index.html.

49. 云南人力资源和社会保障厅［EB/OL］. http://www.ynhrss.gov.cn/index.html.

50. 云南人力资源和社会保障厅. 云南省2017年度博士后相关项目遴选认定会议在昆召开［EB/OL］. http://www.ynhrss.gov.cn/NewsView.aspx?NewsID=25463&ClassID=647.

51. 2017年陕西省博士后科研项目资助名单［EB/OL］. http://muchong.com/t-12104114-1-pid-12.

52. 中国财经. 吉林省8名博士入选博士后创新人才支持计划［EB/OL］. http://finance.china.com.cn/roll/20170525/4226261.shtml.

53. 吉林大学新闻中心. 吉大3名博士后获国家人社部2017年博士后国际交流计划派出项目资助［EB/OL］. https://news.jlu.edu.cn/info/1021/44481.html.

54. 搜狐教育. 吉林省3名博士后获得国际交流计划派出项目资助［EB/OL］. http://www.sohu.com/a/146267964_224988.

55. 人民网. 广西今年中国博士后科学基金获资助人数再创历史新高［EB/OL］. http://gx.people.com.cn/n2/2017/1117/c357669-30933961.html.

第三章
博士后创新人才支持计划实施满意度调查报告

一、引言

为贯彻落实《国务院办公厅关于改革完善博士后制度的意见》(国办发〔2015〕87号),加强高层次创新型青年人才培养,吸引新近毕业的优秀博士从事博士后研究工作,人力资源和社会保障部、全国博士后管理委员会经研究特制定和落实了"博士后创新人才支持计划"(以下简称"博新计划")。该计划为每人每年资助30万元,包括20万元的博士后日常经费和10万元的博士后科研经费。[①]

2016年全国博士后管理委员会正式启动该计划,该计划结合国家实验室等重点科研基地,瞄准国家重大发展战略、战略性高新技术和基础科学前沿领域,包括能源科学、信息技术、生命科学等国家高精尖研究领域。由全国博士后管委会统一组织选拔,每年一次,通过"组织申报、个人申请、拟进站单位推荐、专家评审、人选确定"等程序,择优遴选一批应届或新近毕业的优秀博士,专项资助其从事博士后科学研究工作,争取加速培养一批国际一流的创新型人才。

"博新计划"在2016年实施初期,共资助200名博士后,2017年资助

---

① 人社部.关于印发博士后创新人才支持计划的通知 [EB/OL]. http://www.chinapostdoctor.org.cn/website/program/info_show.aspx?infoid=f01839cf-f1e1-431f-b80d-4d70eccd98b3,2016-04-21.

人数增加至300人,2018年资助人数又扩大为400人。

另外,该计划的选拔通知还规定:"地方人力资源社会保障部门和设站单位应加强对'博新计划'入选者的管理与服务。首先应加强相关的配套投入,对'博新计划'入选者在科研经费、住房、补贴等方面给予经费支持。其次,设站单位应在'博新计划'入选者职称评定、科研工作条件等方面制定配套政策,并在出站留任、支持职业发展等方面给予适当倾斜;支持"博新计划"入选者在站期间开展国内外学术交流。然后,设站单位应与'博新计划'入选者签订科研计划书,做好绩效评价和成果追踪工作,将创新型科研成果作为考核重点。""博新计划"入选者出站考核合格的,由全国博士后管理委员会印发《博士后证书》。最后,全国博士后管理委员会办公室定期对设站单位"博新计划"实施进行考核,重点考核政策配套情况、人员培养成效,并将考核结果作为博士后设站单位综合评估的依据之一"。[①]

与以往其他博士后资助项目相比,2016年正式启动的"博新计划"资助力度之大,前所未有,使得普通博士后与"博新计划"的入选博士后间也存在着较大差距。目前,"博新计划"这一博士后资助政策已实施三年,其效果与问题也日益凸显,有必要对"博新计划"的入选博士后展开调查,通过量化与质性相结合的混合研究方法了解"博新计划"这一资助政策的实施效果及外界评价,从而更好地完善"博新计划"的相关资助政策,以便促进博士后资助体系的发展。

二、研究工具与过程

(一)研究工具

在访谈多名入选"博新计划"博士后和博士后管理工作人员基础

[①] 全国博士后管委会办公室. 全国博士后管委会办公室关于做好2018年度博士后创新人才支持计划实施工作的通知 [EB/OL]. http://www.chinapostdoctor.org.cn/WebSite/program/Info_Show.aspx?InfoID=f21d4b15-0e74-463b-9086-5038c587c3ce,2018-01-23.

上，制作了有关博士后创新人才支持计划问卷，然后经北京师范大学博士后发展与研究中心研究人员及部分课题组专家对问卷的题目与效度进行了修订与审核，最终开发出《博士后创新人才支持计划实施满意度调查问卷》。

《博士后创新人才支持计划实施满意度调查问卷》结合封闭式问题和开放性问题，设计问题总共分为三个部分：第一部分是个人信息，包括性别、年龄、研究领域、博士后站点相关信息，共计 9 题。第二部分为主问卷，了解被调查者对"博新计划"政策内容实施及该计划满意度的相关看法。其中"博新计划"满意度方面共计 13 题，分为"博新计划"的申请、"博新计划"的资助、"博新计划"的评审考核、"博新计划"的入选条件及"博新计划"的整体满意度等五个维度，并对每个项目按照符合程度进行 1-4 分的赋值；"博新计划"政策内容实施方面共计 12 题。第三部分为开放性问题，主要了解被调查者对"博新计划"的评价及相关建议，共计 2 题。

同时，本次调查也对部分"博新计划"入选人员进行了访谈，问题涉及"博新计划"的经费落实情况、设站单位对资助经费的分配、"博新计划"的优势与不足等，以期进一步了解该资助政策的社会反响，从而为政策的完善与优化提供有针对性的建议。

（二）研究对象

2018 年 5 月 25 日全国博士后管理委员会以"逐梦科技前沿，成就创新英才"为主题，举办"首届'博新计划'前沿论坛"，参会人员为"博新计划"入选博士后及量子信息、人工智能、生物学等热点领域的著名学者。本调研以论坛参会人员为研究对象，发放问卷 95 份，回收问卷 92 份，问卷回收率为 96.8%。其中有效问卷为 89 份，问卷的有效率为 96.7%。有效样本的基本情况如表 3-1 所示：

表 3-1 有效样本基本信息

变量	类别	人数	百分比（%）
性别	男	65	73
	女	24	27
年龄	28 岁以下	10	11.2
	29–30 岁	55	61.8
	31–32 岁	22	24.7
	32 岁以上	2	2.2
设站类型	博士后科研流动站	82	92.1
	博士后科研工作站	7	7.9
研究学科领域	能源科学	30	33.7
	信息技术	18	20.2
	生命科学	28	31.5
	其他	13	14.6
获得博士学位年份	2015 年以前	7	7.9
	2016 年	46	51.7
	2017 年	35	39.3
	2018 年	1	1.1
博士后工作类型	在职	7	7.9
	全职	82	92.1
做博士后的次数	第一站	86	96.6
	第二站	3	3.4
目前博士后的进站年份	2016 年	41	46.1
	2017 年	45	50.6
	2018 年	3	3.4
博士后站点所在省份	东部地区	63	70.8
	中部地区	16	18
	西部地区	10	11.2

续表

变量	类别	人数	百分比（%）
获得博新计划资助的年份	2016 年	41	46.1
	2017 年	44	49.4
	2018 年	4	4.5

（三）数据的处理与分析

采用 SPSS18.0 对问卷进行数据的处理与分析，通过描述性统计、差异检验、相关分析等方法对"博新计划"的满意度现状进行全面分析。同时运用 Nvivo 12.0 Plus 对访谈数据进行编码，总结受访者对"博新计划"的看法与建议，以补充问卷调查的局限性。另外还归纳总结出"博新计划"的优势与不足，从而为进一步完善"博新计划"这一资助政策提供切实可行的建议。

三、调查结果

（一）"博新计划"满意度的总体水平

通过描述性统计，计算出样本在"博新计划"满意度总体及各维度上的平均得分，其具体结果如表 3-2 所示：

表 3-2 "博新计划"满意度水平得分情况

题目	N	Min	Max	M	SD	Sig
(A1):① 您在申报"博新计划"前有信心能够获得资助吗?	89	1	4	2.70	0.61	0.144
(A2):您觉得申请"博新计划"的难度比您预想的难度?	89	1	4	2.16	0.56	0.210
(A3):您认为申请"博新计划"表格填写复杂吗?	89	2	4	3.02	0.26	0.625
"博新计划"申请维度	89	2	3.67	2.63	0.31	0.029
(B1):您认为"博新计划"中对博士后经费的资助强度?	87	1	4	2.63	0.59	0.645
(B2):您认为"博新计划"资助经费分为"日常经费40万"和"博士后科学基金20万"合理吗?	89	2	4	2.98	0.48	0.819
(B3):您认为"'博士后科学基金20万'要求在开支范围内开支,但不限定各项费用的支出额度"的规定合理吗?	89	2	4	3.36	0.53	0.493
(B4):您认为现在的财务制度对"博士后科学基金"报销便利吗?	88	1	4	2.89	0.53	0.205
"博新计划"资助维度维度	89	1	4	2.05	0.41	0.659
(C1):您认为"博新计划"评审公平吗?	89	2	4	3.09	0.32	0.946

---

① 注:表格中题目均编号为 A1,A2,A3,B1,B2,B3,B4,C1,C2,D1,D2,D3,其中 A 编号为"博新计划"申请维度的题目;B 编号为"博新计划"资助维度的题目;C 编号为"博新计划"评审考核维度的题目;D 编号为"博新计划"入选条件维度的题目。后文表格中相同题目均用编号表示。

续表

题目	N	Min	Max	M	SD	Sig
（C2）：您对出站时要求的研究成果考核有信心吗？	89	2	4	3.49	0.61	0.077
"博新计划"评审考核维度	89	2.5	4	3.29	0.38	0.116
（D1）：您认为"博新计划"要求年龄31周岁以下合理吗？	89	2	4	2.99	0.55	0.004
（D2）：您觉得留学回国博士不能申请"博新计划"合理吗？	89	1	4	3.13	0.64	0.882
（D3）：您认为外籍博士不能申请"博新计划"合理吗？	89	1	4	3.09	0.61	0.869
"博新计划"入选条件维度	89	2	4	3.07	0.45	0.228
"博新计划"整体满意度	89	1	4	3.13	0.53	0.753

由表3-2可知，以4分为计算总分，被调查者对"博新计划"的整体满意度得分为3.13分，标准差为0.53。在"博新计划"申请方面的满意度平均得分为2.63分；在"博新计划"资助方面的满意度平均得分为2.05分；在"博新计划"评审考核方面的满意度平均得分为3.29分；在"博新计划"入选条件方面的满意度平均得分为3.07分。以2分作为对被调查者得分高低判断的临界点，可知入选者对"博新计划"的整体满意度处在中等偏上水平，其中在资助方面的满意度水平相对较低，在"博新计划"评审考核方面的满意度水平较高。

（二）影响"博新计划"满意度水平的个人因素

1. 不同性别、年龄段博士后"博新计划"满意度的差异检验

由于数据为非正态分布，因此通过非参数检验中的两个独立样本检验对不同性别的博士后的政策满意度情况进行差异比较。将年龄作为分组变量，采用非参数检验中的K个独立样本检验对不同年龄段的博士后的政策

满意度情况进行差异比较。其结果见表 3-3 所示：

表 3-3 "博新计划"满意度的性别、年龄差异

题目	性别 Sig	年龄 Sig
A1	0.144	0.873
A2	0.210	0.091
A3	0.625	0.782
"博新计划"申请维度	0.029	0.572
B1	0.645	0.708
B2	0.819	0.814
B3	0.493	0.010
B4	0.205	0.628
"博新计划"资助维度	0.659	0.326
C1	0.946	0.845
C2	0.077	0.654
"博新计划"评审考核维度	0.116	0.639
D1	0.004	0.231
D2	0.882	0.070
D3	0.869	0.150
"博新计划"入选条件维度	0.228	0.044
"博新计划"整体满意度	0.753	0.112

由表 3-3 可知，"博新计划"中性别差异检验的整体满意度的 Sig 值为 0.753>0.05，说明性别差异对博士后对"博新计划"整体满意度水平没有显著影响。"博新计划"资助维度、评审考核维度和入选条件维度的 Sig 值均大于 0.05，说明性别差异对这些方面的满意度水平也没有显著影响。但在"博新计划"的申请维度中，其 Sig 值为 0.029<0.05，说明不同性别的受资助博士后在"博新计划"申请方面的满意度水平存在显著差异。同

时，针对"'博新计划'要求年龄在31周岁以下"这一问题，检验的Sig值为0.004<0.05，故不同性别的入选者在这一问题上其满意度存在显著差异。而"博新计划"中年龄差异检验的整体满意度的Sig值为0.112>0.05，说明年龄差异对博士后对"博新计划"整体满意度水平没有显著影响。"博新计划"的申请维度、资助维度、评审考核维度的Sig值均大于0.05，说明年龄差异对这些方面的满意度水平也没有显著影响。但在"博新计划"的入选条件维度中，其Sig值为0.044<0.05，说明不同年龄段的受助者在"博新计划"入选条件方面的满意度水平存在显著差异。同时针对"'博士后科学基金20万'要求在开支范围内开支，但不限定各项费用的支出额度的规定？"这一问题，其检验的Sig值为0.01<0.05，说明不同年龄阶段的受助者在这一问题上的满意度水平存在显著差异。

2. 不同设站类型、学科领域"博新计划"满意度差异检验

将博士后设站类型、不同学科领域分别作为分组变量，又由于数据为非正态分布，因此采用非参数检验中的K个独立样本检验对不同设站类型及学科领域的博士后的政策满意度情况进行差异比较，其结果见表3-4所示：

表3-4 "博新计划"满意度的设站类型、学科领域差异

题目	设站类型 Sig	学科领域 Sig
A1	0.177	0.925
A2	0.503	0.093
A3	0.806	0.357
"博新计划"申请维度	0.582	0.353
B1	0.289	0.656
B2	0.127	0.668
B3	0.742	0.619

续表

题目	设站类型 Sig	学科领域 Sig
B4	0.581	0.062
"博新计划"资助维度	0.606	0.586
C1	0.058	0.255
C2	0.808	0.312
"博新计划"评审考核维度	0.696	0.303
D1	0.955	0.524
D2	0.440	0.098
D3	0.892	0.244
"博新计划"入选条件维度	0.611	0.089
"博新计划"整体满意度	0.944	0.680

由表 3-4 可知，"博新计划"中设站类型差异检验的整体满意度的 Sig 值为 0.944>0.05，说明博士后设站类型对博士后对"博新计划"整体满意度水平没有显著影响。"博新计划"的申请维度、资助维度、评审考核维度、入选条件维度的 Sig 值均大于 0.05，说明博士后设站类型的差异对这些方面的满意度水平也没有显著影响。"博新计划"中学科领域差异的整体满意度的 Sig 值为 0.680>0.05，说明博士后学科领域的差异对博士后对"博新计划"整体满意度水平没有显著影响。"博新计划"的申请维度、资助维度、评审考核维度、入选条件维度的 Sig 值也均大于 0.05，说明博士后学科领域的差异对这些方面的满意度水平也没有显著影响。

3. 不同年份获得博士学位、不同博士后时间类型的"博新计划"满意度差异检验

将获得博士学位的年份、做博士后的时间类型分别作为分组变量，又由于数据为非正态分布，因此采用非参数检验中的 K 个独立样本检验对不同年份获得博士学位及做博士后的时间类型不同的入选者对政策满意度情

况进行差异比较，其结果见表3-5所示：

表3-5 "博新计划"满意度的博士学位获得年份、博士后时间类型差异

题目	博士学位获得年份 Sig	博士后时间类型 Sig
A1	0.204	0.724
A2	0.313	0.835
A3	0.454	0.806
"博新计划"申请维度	0.696	0.948
B1	0.433	0.524
B2	0.618	0.336
B3	0.012	0.087
B4	0.589	0.581
"博新计划"资助维度	0.192	1.00
C1	0.585	0.656
C2	0.166	0.532
"博新计划"评审考核维度	0.128	0.517
D1	0.596	0.962
D2	0.012	0.581
D3	0.009	0.821
"博新计划"入选条件维度	0.008	0.763
"博新计划"整体满意度	0.069	0.944

由表3-5可知，"博新计划"中获得博士学位年份差异检验的整体满意度的Sig值为0.069>0.05，说明博士学位获得年份差异对入选者对"博新计划"整体满意度水平没有显著影响。"博新计划"的申请维度、资助维度、评审考核维度的Sig值均大于0.05，说明博士学位获得年份的差异对这些方面的满意度水平也没有显著影响。但是在"博新计划"的入选条件维度中，其Sig值为0.008<0.05，说明不同年份获得博士学位的受资助

人员在"博新计划"入选条件方面的满意度水平存在显著差异。同时针对"'博士后科学基金 20 万'要求在开支范围内开支,但不限定各项费用的支出额度'的规定""留学回国博士不能申请'博新计划'""外籍博士不能申请'博新计划'"这三个问题,其检验的 sig 值均小于 0.05,说明不同年份获得博士学位的受助者在这些问题上其满意度水平存在显著差异。"博新计划"中做博士后时间类型的差异检验的整体满意度的 Sig 值为 0.944>0.05,说明博士后时间类型的差异,即全职博士后和在职博士后对于受助者对"博新计划"整体满意度水平没有显著影响。"博新计划"的申请维度、资助维度、评审考核维度、入选条件维度的 Sig 值均大于 0.05,说明博士后时间类型的差异对这些方面的满意度水平也没有显著影响。

4. 不同的做博士后次数、博士后进站年份的"博新计划"满意度差异检验

将做博士后的次数(即第一站博士后、第二站博士后、第三站博士后)、博士后进站年份分别作为分组变量,又由于数据为非正态分布,因此采用非参数检验中的 K 个独立样本检验对做博士后次数不同及进站年份不同的受助者对政策满意度情况进行差异比较,其结果见表 3-6 所示:

表 3-6 "博新计划"满意度的做博士后次数及进站年份差异

题目	做博士后次数 Sig	博士后进站年份 Sig
A1	0.927	0.077
A2	0.583	0.459
A3	0.875	0.235
"博新计划"申请维度	0.677	0.117
B1	0.037	0.942
B2	0.925	0.217
B3	0.045	0.112

续表

题目	做博士后次数 Sig	博士后进站年份 Sig
B4	0.687	0.476
"博新计划"资助维度	0.091	0.313
C1	0.618	0.406
C2	0.255	0.284
"博新计划"评审考核维度	0.235	0.165
D1	0.305	0.616
D2	0.178	0.375
D3	0.200	0.026
"博新计划"入选条件维度	0.266	0.064
"博新计划"整体满意度	0.105	0.096

由表 3-6 可知，"博新计划"中做博士后次数差异检验的整体满意度的 Sig 值为 0.105>0.05，说明做博士后次数的差异对于博士后对"博新计划"整体满意度水平没有显著影响。"博新计划"的申请维度、资助维度、评审考核维度、入选条件维度的 Sig 值均大于 0.05，说明做博士后次数的差异对这些方面的满意度水平也没有显著影响。同时针对"博新计划"中"对博士后经费的资助强度""'博士后科学基金 20 万'要求在开支范围内开支，但不限定各项费用的支出额度'的规定"这两个问题，其检验的 Sig 值均小于 0.05，说明做博士后次数不同的入选者在这些问题上其满意度水平存在显著差异。"博新计划"中进站年份差异检验的整体满意度的 Sig 值为 0.096>0.05，说明做博士后进站年份的差异对博士后对"博新计划"整体满意度水平没有显著影响。"博新计划"的申请维度、资助维度、评审考核维度、入选条件维度的 Sig 值均大于 0.05，说明博士后进站年份的差异对这些方面的满意度水平也没有显著影响。同时针对"外籍博士不能申请'博新计划'"这一问题，其检验的 Sig 值小于 0.05，说明不同博

士后进站年份的受助者在这一问题上其满意度水平存在显著差异。

5. 不同省份博士后站点、不同获选年份的"博新计划"满意度差异检验

将博士后站点所在省份、获得"博新计划"的年份作为分组变量,又由于数据为非正态分布,因此采用非参数检验中的 K 个独立样本检验对不同省份及获选年份的入选者对政策满意度情况进行差异比较,其结果见表3-7所示:

表3-7 "博新计划"满意度的博士后站点省份、获选年份差异

题目	博士后站点省份 Sig	获选年份 Sig
A1	0.317	0.234
A2	0.772	0.594
A3	0.864	0.235
"博新计划"申请维度	0.864	0.564
B1	0.003	0.876
B2	0.129	0.054
B3	0.645	0.142
B4	0.228	0.650
"博新计划"资助维度	0.003	0.198
C1	0.606	0.370
C2	0.791	0.386
"博新计划"评审考核维度	0.914	0.225
D1	0.619	0.456
D2	0.537	0.390
D3	0.211	0.023
"博新计划"入选条件维度	0.813	0.068
"博新计划"整体满意度	0.730	0.100

由表 1-7 可知，"博新计划"中站点所在省份的差异检验的整体满意度的 Sig 值为 0.730>0.05，说明博士后站点所在省份的差异对博士后对"博新计划"整体满意度水平没有显著影响。"博新计划"的申请维度、评审考核维度、入选条件维度的 Sig 值均大于 0.05，说明博士后站点所在省份的差异对这些方面的满意度水平也没有显著影响。但在"博新计划"的资助维度方面，其 Sig 值为 0.003<0.05，说明不同省份的受助者在这一方面其政策满意度存在显著差异。同时针对"'博新计划'中对博士后经费的资助强度"这一问题，其检验的 Sig 值为 0.003<0.05，说明不同省份的受助者在这一问题上其满意度水平存在显著差异。"博新计划"中获选年份的差异检验的整体满意度的 Sig 值为 0.100>0.05，说明获得"博新计划"资助的年份差异对博士后对"博新计划"整体满意度水平没有显著影响。"博新计划"的申请维度、资助维度、评审考核维度、入选条件维度的 Sig 值均大于 0.05，说明"博新计划"受助年份的差异对这些方面的满意度水平也没有显著影响。同时针对"外籍博士不能申请'博新计划'"这一问题，其检验的 Sig 值为 0.023<0.05，说明不同年份的受助者在这一问题上其满意度水平存在显著差异。

（三）各项目与满意度总得分的相关性分析

由于满意度得分为非正态低测度数据，因此在进行相关性分析时采用卡方检验来探求多类数据之间的相关性关系。

1. 性别、年龄与"博新计划"满意度的相关分析

表 3-8 反映出了"性别、年龄与'博新计划'整体及各维度满意度"变量的各种分析结论。从性别因素看，Pearson 卡方检验的结果中"博新计划"整体、"博新计划"申请维度、资助维度、评审考核维度及入选条件维度的检验概率的值（近似值 Sig）均大于 0.05，说明性别与"博新计划"整体及各维度的满意度均不存在显著差异，也就是说受助者的性别与"博新计划"的满意度水平没有关联性。但针对"'博新计划'要求年龄 31 周

岁以下"这个问题，其 Pearson 卡方检验的概率值为 0.01<0.05，说明在这一问题上，不同性别的入选者的态度存在显著差别，也就是说入选者的性别与这个问题的满意度水平有关。

从年龄因素看，Pearson 卡方检验的结果中"博新计划"整体、"博新计划"申请维度、资助维度、评审考核维度的检验概率的值（近似值 Sig）均大于 0.05，说明年龄与"博新计划"整体及申请、资助、评审考核等维度的满意度均不存在显著差异。但是年龄与入选条件维度的检验概率值为 0.000<0.05，说明年龄与入选条件维度存在显著差异。由此可以看出入选者的年龄与"博新计划"这些方面的满意度水平没有关联性，年龄与"博新计划"入选条件这一维度的满意度有关。针对"'博新计划'资助经费分为'日常经费 40 万'和'博士后科学基金 20 万'的合理性""'博士后科学基金 20 万'要求在开支范围内开支，但不限定各项费用的支出额度'的规定的合理性"这两个问题，其 Pearson 卡方检验的概率值均小于 0.05，说明在这两个问题上，不同年龄的受助者的态度存在显著差别，也就是说受助者的年龄与这两个问题的满意度水平有关。

表 3-8 性别、年龄与"博新计划"满意度卡方检验

题目	性别			年龄		
	X^2值	Df	Sig	X^2值	Df	Sig
A1	2.367^a	3	0.500	3.584^a	9	0.937
A2	5.049^a	3	0.168	8.127^a	9	0.521
A3	0.556^a	2	0.757	1.730^a	6	0.943
"博新计划"申请维度	8.489^a	5	0.131	12.997^a	15	0.603
B1	3.087^a	3	0.378	4.479^a	9	0.877
B2	0.115^a	2	0.944	13.229^a	6	0.040
B3	0.791^a	2	0.673	29.910^a	6	0.000
B4	5.597^a	3	0.133	7.770^a	9	0.557

续表

题目	性别			年龄		
	X²值	Df	Sig	X²值	Df	Sig
"博新计划"资助维度	8.605ª	8	0.377	25.233ª	24	0.393
C1	3.003ª	2	0.223	2.076ª	6	0.913
C2	4.194ª	2	0.123	10.792ª	6	0.095
评审考核维度	7.701ª	3	0.053	12.838ª	9	0.170
D1	9.167ª	2	0.010	6.249ª	6	0.396
D2	0.857ª	3	0.836	10.983ª	9	0.277
D3	0.467ª	3	0.926	9.676ª	9	0.377
入选条件维度	8.113ª	6	0.230	56.419ª	18	0.000
"博新计划"整体满意度	2.066ª	3	0.559	13.787ª	9	0.130

2. 设站类型、学科领域与"博新计划"满意度的相关分析

表3-9反映出了"设站类型、学科领域与'博新计划'整体及各维度满意度"变量的各种分析结论。从设站类型因素看，Pearson卡方检验的结果中"博新计划"整体、"博新计划"申请维度、资助维度、评审考核维度及入选条件维度的检验概率的值（近似值Sig）均大于0.05，说明设站类型与"博新计划"整体及各维度的满意度均不存在显著差异，也就是说受助者所在的单位类型与"博新计划"的满意度水平没有关联性。但针对"'博新计划'评审公平性""留学回国博士不能申请'博新计划'"这两个问题，其Pearson卡方检验的概率值均小于0.05，说明在这两个问题上，不同设站类型的受助者的态度存在显著差别，也就是说受助者所在的博士后站点类型与这两个问题的满意度水平有关。

从学科领域因素看，Pearson卡方检验的结果中"博新计划"整体、"博新计划"申请维度、资助维度及入选条件维度的检验概率的值（近似值Sig）均大于0.05，说明学科领域与"博新计划"整体及各维度的满意

度均不存在显著差异。而"博新计划"评审考核维度的检验概率值为 0.024<0.05,说明学科领域与"博新计划"评审考核维度的满意度有显著差异。也就是说,入选者的学科领域与'博新计划'这些方面的满意度水平没有关联性,但入选者的学科领域与其在"博新计划"评审考核维度上的满意度有关联性。

表 3-9 设站类型、学科领域与"博新计划"满意度卡方检验

题目	设站类型			学科领域		
	X²值	Df	Sig	X²值	Df	Sig
A1	2.588ª	3	0.460	7.739ª	9	0.561
A2	0.872ª	3	0.832	8.815ª	9	0.455
A3	0.549ª	2	0.760	4.014ª	6	0.675
"博新计划"申请维度	1.686ª	5	0.891	16.889ª	15	0.326
B1	1.749ª	3	0.626	7.180ª	9	0.618
B2	2.420ª	2	0.298	3.281ª	9	0.773
B3	0.221ª	2	0.895	9.983ª	9	0.125
B4	0.510ª	3	0.917	13.335ª	9	0.148
"博新计划"资助维度	7.490ª	8	0.485	18.014ª	24	0.802
C1	12.491ª	2	0.002	7.199ª	6	0.303
C2	0.457ª	2	0.796	10.050ª	6	0.123
评审考核维度	1.632ª	3	0.652	19.094ª	9	0.024
D1	0.014ª	2	0.993	8.236ª	6	0.221
D2	13.166ª	3	0.004	13.888ª	9	0.126
D3	1.658ª	3	0.646	11.963ª	9	0.215
入选条件维度	4.079ª	6	0.666	20.750ª	18	0.292
"博新计划"整体满意度	2.264ª	3	0.519	6.409ª	9	0.698

3. 获得博士学位的年份、做博士后的时间类型与"博新计划"满意度的相关分析

表3-10反映出了"获得博士学位的年份、做博士后的时间类型与'博新计划'整体及各维度满意度"变量的各种分析结论。从获得博士学位的年份因素来看，Pearson卡方检验的结果中，"博新计划"整体、"博新计划"申请维度、资助维度及评审考核维度的检验概率的值（近似值Sig）均大于0.05，说明获得博士学位的年份与"博新计划"整体及以上维度的满意度均不存在显著差异。而"博新计划"入选条件维度的检验概率值为0.041<0.05，说明"获得博士学位的年份"与"博新计划"入选条件维度的满意度有显著差异。也就是说，受助者获得博士学位的年份与'博新计划'这些方面的满意度水平没有关联性，但受助者获得博士学位的年份与"博新计划"入选条件维度上的满意度有关联性。针对"'博士后科学基金20万'要求在开支范围内开支，但不限定各项费用的支出额度'的规定""留学回国博士不能申请'博新计划'""外籍博士不能申请'博新计划'"这些问题，其Pearson卡方检验的概率值均小于0.05，说明在这些问题上，不同年份获得博士学位的受助者的态度存在显著差别，也就是说受助者获得博士学位的年份与这些问题的满意度水平有关。

从做博士后的时间类型因素看，Pearson卡方检验的结果中"博新计划"整体、资助维度及评审考核维度的检验概率的值（近似值Sig）均大于0.05，说明做博士后的时间类型与"博新计划"整体及以上维度的满意度均不存在显著差异。而"博新计划"入选条件维度、申请条件维度的检验概率值均小于0.05，说明做博士后的时间类型与"博新计划"申请条件维度、入选条件维度的满意度有显著差异。也就是说，入选者做博士后的时间类型与"博新计划"这些方面的满意度水平没有关联性，但受助者做博士后的时间类型与"博新计划"申请条件维度、入选条件维度上的满意度有关联性。针对"申请'博新计划'的难度与您预想的难度相比如何"

"'博士后科学基金20万'要求在开支范围内开支,但不限定各项费用的支出额度'的规定"这些问题,其 Pearson 卡方检验的概率值均小于 0.05,说明在这些问题上,不同博士后时间类型的受助者的态度存在显著差别,也就是说受助者做博士后的时间类型与这些问题的满意度水平有关。

表3-10 获得博士学位的年份、做博士后时间类型与"博新计划"满意度卡方检验

题目	获得博士学位年份			做博士后时间类型		
	X^2值	Df	Sig	X^2值	Df	Sig
A1	10.033^a	9	0.348	6.644^a	3	0.084
A2	8.513^a	9	0.483	12.461^a	3	0.006
A3	4.126^a	6	0.660	0.549^a	2	0.760
"博新计划"申请维度	9.588^a	15	0.845	14.580^a	5	0.012
B1	5.991^a	9	0.741	0.852^a	3	0.843
B2	8.120^a	6	0.229	1.136^a	2	0.567
B3	17.332^a	6	0.008	6.217^a	2	0.045
B4	6.354^a	6	0.385	0.510^a	3	0.917
"博新计划"资助维度	32.378^a	24	0.118	7.685^a	8	0.465
C1	5.181^a	6	0.521	0.224^a	2	0.894
C2	5.870^a	6	0.438	2.597^a	2	0.273
评审考核维度	8.767^a	9	0.459	2.103^a	3	0.551
D1	4.185^a	6	0.652	2.594^a	2	0.273
D2	22.543^a	9	0.007	2.552^a	3	0.471
D3	17.397^a	9	0.043	0.349^a	3	0.951
入选条件维度	29.625^a	18	0.041	22.022^a	6	0.001
"博新计划"整体满意度	9.563^a	9	0.387	2.264^a	3	0.519

4. 做博士后的次数、博士后进站年份与"博新计划"满意度的相关分析

表 3-11 反映出了"做博士后的次数、博士后进站年份与'博新计划'整体及各维度满意度"变量的各种分析结论。从做博士后的次数因素看，Pearson 卡方检验的结果中"博新计划"整体、申请维度、资助维度及评审考核维度的检验概率的值（近似值 Sig）均大于 0.05，说明做博士后的次数与"博新计划"整体及以上维度的满意度均不存在显著差异。而"博新计划"入选条件维度的检验概率值小于 0.05，说明"做博士后的次数"与"博新计划"入选条件维度有显著差异。也就是说，受助者做博士后的次数与"博新计划"这些方面的满意度水平没有关联性，但受助者做博士后的次数与"博新计划"入选条件维度的满意度有关联性。针对"'博士后科学基金 20 万'要求在开支范围内开支，但不限定各项费用的支出额度'的规定"这一问题，其 Pearson 卡方检验的概率值为 0.001<0.05，说明在这一问题上，做博士后次数不同的受助者的态度存在显著差异，也就是说受助者做博士后的次数与这一问题的满意度水平有关。

从博士后进站年份因素看，Pearson 卡方检验的结果中，"博新计划"整体、申请维度、评审考核维度及入选条件维度的检验概率的值（近似值 Sig）均大于 0.05，说明博士后进站年份与"博新计划"整体及以上维度的满意度均不存在显著差异。而"博新计划"资助维度的检验概率值小于 0.05，说明博士后进站年份与"博新计划"资助维度有显著差异。也就是说，入选者博士后进站年份与"博新计划"这些方面的满意度水平没有关联性，但入选者博士后进站的年份与"博新计划"资助维度的满意度有关联性。

表 3-11 做博士后的次数、博士后进站年份与"博新计划"满意度卡方检验

题目	做博士后的次数			博士后进站年份		
	X^2值	Df	Sig	X^2值	Df	Sig
A1	0.266ᵃ	3	0.966	9.180ᵃ	6	0.164
A2	1.352ᵃ	3	0.717	7.237	6	0.299
A3	0.224ᵃ	2	0.894	3.350ᵃ	4	0.501
"博新计划"申请维度	1.021ᵃ	5	0.961	11.551ᵃ	10	0.316
B1	5.613ᵃ	3	0.132	3.104ᵃ	6	0.796
B2	0.900ᵃ	2	0.638	3.886ᵃ	4	0.422
B3	14.563ᵃ	2	0.001	4.668ᵃ	4	0.321
B4	1.099ᵃ	3	0.777	5.162ᵃ	6	0.523
"博新计划"资助维度	6.312ᵃ	8	0.612	28.292ᵃ	16	0.029
C1	0.393ᵃ	2	0.822	4.157ᵃ	4	0.385
C2	4.539ᵃ	2	0.103	4.093ᵃ	4	0.394
评审考核维度	3.674ᵃ	3	0.299	4.808ᵃ	6	0.569
D1	1.069ᵃ	2	0.586	2.332ᵃ	4	0.675
D2	2.240ᵃ	3	0.524	2.886ᵃ	6	0.823
D3	2.083ᵃ	3	0.555	9.676ᵃ	6	0.139
入选条件维度	31.008ᵃ	6	0.000	8.840ᵃ	12	0.717
"博新计划"整体满意度	6.431ᵃ	3	0.092	5.197ᵃ	6	0.519

5. 博士后站点所在省份、获选年份与"博新计划"满意度的相关分析

表 3-12 反映出了"博士后站点所在省份、获选年份与'博新计划'整体及各维度满意度"变量的各种分析结论。从博士后站点所在省份因素看，Pearson 卡方检验的结果中"博新计划"整体、申请维度、评审考核维度、入选条件维度的检验概率的值（近似值 Sig）均大于 0.05，说明博

士后站点所在的省份与"博新计划"整体及以上维度的满意度均不存在显著差异。而"博新计划"资助维度的检验概率值小于0.05，说明博士后站点所在的省份与"博新计划"资助维度有显著差异。也就是说，入选者博士后站点所在的省份与"博新计划"这些方面的满意度水平没有关联性，但受助者博士后站点所在的省份与"博新计划"资助维度的满意度有关联性。针对"'博新计划'中对博士后经费的资助强度"这一问题，其Pearson卡方检验的概率值为0.008<0.05，说明在这一问题上，不同省份的受助者的态度存在显著差别，也就是说受助者博士后站点所在的省份与这一问题的满意度水平有关。

从"博新计划"入选年份因素看，Pearson卡方检验的结果中，"博新计划"整体、申请维度、资助维度、评审考核维度、入选条件维度的检验概率的值（近似值Sig）均大于0.05，说明获得"博新计划"资助的年份与"博新计划"整体及各维度的满意度均不存在显著差异。也就是说，不同年份获得资助的博士后与"博新计划"的满意度水平没有关联性。

表3-12 博士后站点所在省份、获选年份与"博新计划"满意度卡方检验

题目	博士后站点所在省份			获选年份		
	X^2值	Df	Sig	X^2	Df	Sig
A1	4.575^a	6	0.599	6.131^a	6	0.409
A2	10.899^a	6	0.092	6.178^a	6	0.404
A3	2.655^a	4	0.617	3.456^a	4	0.485
"博新计划"申请维度	11.780^a	10	0.300	9.090^a	10	0.524
B1	17.252^a	6	0.008	3.383^a	6	0.759
B2	4.468^a	4	0.346	8.611^a	4	0.072
B3	1.780^a	4	0.776	4.272^a	4	0.371
B4	4.718^a	6	0.580	4.556^a	6	0.602
"博新计划"资助维度	28.850^a	16	0.025	23.703^a	16	0.096

续表

题目	博士后站点所在省份			获选年份		
	X^2值	Df	Sig	X^2	Df	Sig
C1	1.737^a	4	0.784	4.483^a	4	0.345
C2	2.777^a	4	0.596	3.242^a	4	0.518
评审考核维度	3.531^a	6	0.740	4.220^a	6	0.647
D1	0.981^a	4	0.913	1.666^a	4	0.797
D2	11.116^a	6	0.085	3.148^a	6	0.790
D3	4.278^a	6	0.639	8.709^a	6	0.191
入选条件维度	7.133^a	12	0.849	8.803^a	12	0.720
"博新计划"整体满意度	1.796^a	6	0.937	5.159^a	6	0.524

(四) "博新计划"个人信息占比分析

通过对"博新计划"政策满意度的调查，获取了部分满意度信息。除了对部分题目做了相关分析、差异显著性分析外，也对个别题目的选项进行了百分比统计分析，以更全面地了解"博新计划"这一资助政策启动、落实及社会影响的现状。统计结果如下表3-13所示：

表3-13 博新计划个人信息统计分析（频数/百分比）

题目		频率	百分比（%）
您是从什么渠道获得"博新计划"信息的？	博管会网站	16	18
	站点通知	23	25.8
	网上浏览	13	14.6
	别人告诉	36	40.4

续表

题目		频率	百分比（%）
目前的博士后研究选题，是博士研究的继续吗？	完全是	3	3.4
	是	24	27
	有些改变	49	55.1
	完全改变	13	14.6
您的设站单位对"博新计划"是否提取了管理费？	提取	15	16.9
	没有提取	57	64
	不知道	17	19.1
"应由单位承担的社保缴费部分不得从'博新计划'资助经费中列支"的规定，您的单位是否严格执行？	严格执行	54	60.7
	自己缴纳	12	13.5
	不知道	23	25.8
获得"博新计划"后，设站单位是否在"科研经费、住房、津贴补助等方面"给予经费支持？	支持	29	32.6
	部分停止	32	36
	全部停止	17	19.1
	不知道	11	12.4
您在"博新计划"中有出国交流计划吗？（跳选题）	有	24	27
	没有	65	73
如果有出国交流计划，您的交流时间计划是多长？	6个月以上	4	16.7
	4—6个月	3	12.5
	1—3个月	5	20.8
	1个月以下	11	50
您对做博士后可能有一定压力，如果有，压力主要体现在哪个方面？	生活经费	9	10.1
	家庭压力	7	7.9
	研究压力	11	12.4
	未来发展	45	50.6
	其他方面	2	2.2
如果国内和国外都有机会做博士后，您更倾向于选择？	国内	66	74.2
	国外	22	24.7

续表

题目		频率	百分比（%）
促使您去国内/国外做博士后的主要动因是什么？	科研条件	8	9.0
	未来职业发展	71	79.8
	生活压力	2	2.2
	其他因素	8	9.0
您计划在博士后出站以后可能会选择的就业机构是？	留在本站	46	51.7
	去其他机构	42	48.3
您如果选择去其他机构，可能的就业机构是？	高校	35	81.4
	国外	6	14.0
	事业单位	2	4.6
您认为2018年"博新计划"资助400人的规模合适吗？	太小	1	1.1
	合适	42	47.2
	太大	46	51.7

1. 信息来源渠道

从入选博士后对"博新计划"这一资助政策的信息来源渠道看，"别人告诉"的比例占40.4%，占据首位；接下来依次是"站点通知"（25.8%）、"博管会网站"（18%）、"网上浏览"（14.6%）。可见，绝大多数入选者获取该政策信息的渠道为口耳相传或者博士后站点的相关通知，多为间接渠道，而从博管会网站或其他网站等渠道直接获取该政策信息的人数较少。

2. 博士后研究选题

获得"博新计划"资助的博士后进入站点后，其研究领域也发生了相应的调整。对于"目前的博士后研究选题，是博士研究的继续吗？"这一问题，3.4%的入选者认为"完全是"，27%的入选者认为"是"，对这一问题持肯定回答的人数，只占全部调查者的30.4%。而55.1%的被调查者认为"目前博士后的研究选题较博士研究，做了些许改变"；14.6%的被调查者认为"目前博士后的研究选题与博士期间的研究完全改变"。由此可见，超过2/3的被调查者在博士后阶段的研究方向都与其博士阶段的研究方向有些许区别，甚至部分被调查者其研究方向完全改变。

3. 设站单位支持程度

针对设站单位对"博新计划"是否支持这一问题，从经费管理、政策落实、经费支持等三方面进行调查。由表3-13可知，针对经费管理中"您的设站单位对'博新计划'是否提取了管理费？"，16.9%的人选择了"提取"，64%的人选择了"没有提取"，19.1%的人表示"不知道"。可见超过一半的博士后站点在对"博新计划"的经费管理时，并未提取管理费。针对政策落实方面单位是否严格执行"应由单位承担的社保缴费部分不得从'博新计划'资助经费中列支"的规定，60.7%的被调查者认为单位"严格执行"，13.5%的被调查者表示"自己缴纳"，25.8%的被调查者表示"不知道"。针对经费支持方面"获得'博新计划'后，设站单位是否在'科研经费、住房、津贴补助等方面'给予经费支持？"这一问题，32.6%的被调查者选择了"支持"；36%的被调查者选择了"部分支持"；19.1%的被调查者选择了"全部停止"；12.4%的被调查者选择了"不知道"。由此可见，只有约1/3的设站单位在博士后获得"博新计划"后继续提供同等的经费支持，而绝大多数的设站单位都降低了资助的力度。

4. 出国计划

通过对获得"博新计划"的博士后出国情况进行调查发现，27%的获得者"有"出国交流计划，73%的获得者"没有"出国交流计划。可见，"博新计划"的受资助者绝大多数在国内开展博士后研究工作。对有出国交流计划的被调查者进一步调查其交流时间，50%的人选择了"1个月以下"，20.8%的人选择了"1—3个月"，12.5%的人选择了"4—6个月"，16.7%的人选择了"6个月以上"。可见，即使部分获得者有出国交流的机会，但绝大多数人只是短期交流访问。

5. 工作压力

通过对被调查者做博士后期间的工作压力展开调查，结果显示50.6%的人认为是"未来发展"，10.1%的人认为是"生活经费"，7.9%的人认为是"家庭压力"，12.4%的人认为是"研究压力"，2.2%的人认为是"其他方面"。从占比分析可以看出，大多数人还是关注博士后出站后的未来发展、就业前景等方面，而生活、科研的压力对于"博新计划"的获得者来说，其影响不大。

6. 博士后站点意愿

通过对博士后站点意愿的调查可知，74.2%的被调查倾向于在"国内"做博士后，24.7%的被调查者倾向于在"国外"做博士后。进一步了解其选择的动因，79.8%的人认为是"未来职业发展"，9.0%的人认为是"科研条件"，2.2%的人认为是"生活压力"，另有9.0%的人认为是"其他因素"。可见，对于博士后来说，无论是去国外发展还是留在国内，其选择的主要动因是出于"未来职业发展"的考虑，其次才是"科研条件"等方面。

7. 就业方向

针对就业意愿这一问题的调查，选择"留在本站"（51.7%）与"去其他机构"（48.3%）的被调查者几乎各占一半。通过对选择"去其他机构"的被调查者进一步的调查发现，81.4%的人选择去"高校"工作，14%的人选择去"国外"发展，只有4.6%的人选择去"事业单位"。由此可见，即使部分被调查者在完成博士后研究后选择去其他机构工作，大部分人的首选仍是高校等科研院所，因为在一定程度上使其研究工作可以继续。

8. 资助规模

"博新计划"自2016年启动，其资助人数由最初的100人，扩大到现今的400人。针对这一现象，被调查者中47.2%的人认为"合适"，

51.7%的人认为"太大",只有1.1%的人认为规模太小。针对资助规模这一问题,支持者和反对者各执一词,"博新计划"合理规模的确定也需要不同利益主体的多方博弈,同时受到社会发展、科研水平、国家经济等多方面因素的影响。

四、讨论与分析

(一)"博新计划"实施满意度整体处于中等偏上水平

按照4分制来计算,2分是对得分高低判断的临界点。"博新计划"获得者的整体满意度得分为3.13分,他们对"博新计划"整体满意度处在中等偏上水平。

访谈发现,"博新计划"对博士后的发展提供了较好条件,为博士人员提供了一个较好的科研平台。

> "一方面,充足的经费支持对于提高博士后的整体科研水平具有重要意义,有利于激励各学科博士后明确努力方向,也利于我们科研工作的开展。另一方面,也减轻了博士的生活压力,为自己的科学研究创造了一个较为宽松的环境,能够有足够的精力投入到相关研究中。"(A)

"博新计划"提高了科研人员的待遇,激发了博士后的科研潜力,减轻了"博新计划"入选者在学术起步阶段生活方面的后顾之忧,大部分入选者对"博新计划"的初衷及实施效果给予了较高评价。这一新的资助政策是对国内博士后资助政策及体系的完善,对于国内博士后和相关学科发展具有重要意义。

入选者对"博新计划"的整体满意度较高,但整体满意度下的个别分项满意度方面得分较低。如被调查者对分项中的"资助"满意度较低,概括起来包含以下几方面的原因。

第一，部分入选者认为"博新计划"资助强度还是较低，资助规模过大。

> ""博新计划'为刚毕业的博士提供了一定的科研经费支持，但是应当限制一定的入选人数，而不是逐年扩大，否则就有点'烂大街'的感觉。""现在部分学校对博士后的资助金额已经越来越大，'博新计划'每年20万的资助力度对博士后吸引力已经不大了……"（A；B）

自2016年起资助200名入选者，到2018年资助人数达400人，三年时间翻了一番。大多数入选者都认为"博新计划"有必要控制资助的人数规模。另外，随着工资收入的逐步提高，"博新计划"的资助强度优势却逐步降低，需要进一步加大资助力度。

第二，设站单位资助政策或配套措施跟不上，影响到资助满意度。

部分"博新计划"的入选者认为，学校对资助经费提取了部分管理费，因此实际到手的经费远低于60万元。同时，部分设站单位对经费发放不及时，从而导致正常的科研、生活不能良好运转。

> "要加强对设站单位的管理，强调经费的使用，防止学校的不合理支配。比如存在部分高校会扣留40万的日常经费不发放的情况。"（A）
>
> "部分设站单位由于博士后拿到'博新资助'，就取消了学校资助，停发正常工资，这也使得'博新计划'的资助优势降低，获得此荣誉的博士后在经济方面与普通博士后相差不大。"（C）
>
> "应当督促获资助单位对入选'博新计划'的人员继续支持

和资助,给予额外的资助金或启动基金,这样更容易留住人才。"
(C)

第三,资助经费使用管理不到位。

部分设站单位财务政策执行不到位,报销流程也不够顺畅,也是影响资助满意度的原因。尽管博士后创新人才支持计划的通知中明确规定:"资助经费在资助名单公布后1个月内一次性拨付设站单位。设站单位应按照相关管理规定单独立账,专款专用。其中,40万元的博士后日常经费从'博新计划'入选者办理进站手续起按月计发,核发24个月,且日常经费部分应全部用于获选人员的日常生活费用(含工资、奖金、生活补助及社会保险个人缴纳部分等),设站单位不得提取管理费。应由单位承担的社保缴费部分不得从'博新计划'资助经费中列出;20万元的博士后科学基金按照《中国博士后科学基金资助规定》第21条的开支范围列支,包括科研必需的仪器设备费、实验材料费、出版/文献/信息传播/知识产权事务费、会议费、差旅费、专家咨询费、国际合作与交流费和劳务费的开支。用于支付参与研究过程且没有工资性收入的相关人员(如在校研究生)和临时聘用人员的劳务费支出不得超过资助金总额的30%,不限定各项费用的支出额度。① 入选者如自动放弃资助资格,设站单位在当年年底退回资助经费;入选者如提前出站或退站,设站单位必须退回剩余资助经费。②"但在具体工作的落实过程中,部分博士后设站单位,对资助经费规定不完善,导致各设站单位在具体的经费政策落实过程中没有完全按照规定执行,甚至出现违规行为。15%的入选者表示设站单位提取了部分管

---

① 中国博士后科学基金会. 中国博士后科学基金资助规定 [EB/OL]. http://jj.chinapostdoctor.org.cn/V1/Program3/Info_Show2.aspx?InfoID=0145931e-65db-432d-8eb9-ba2e76dc011f&InfoCategoryID=3&Show=0&rnd=71439537-1554-43df-b4fd-ab917305d979, 2016-06-29.

② 人社部. 关于印发博士后创新人才支持计划的通知 [EB/OL]. http://www.chinapostdoctor.org.cn/website/program/info_show.aspx?infoid=f01839cf-f1e1-431f-b80d-4d70eccd98b3, 2016-04-21.

理费。

"我单位的资助金额并未全部归于个人,而单位收取了管理费。"(B)

"单位存在提取高额管理费、资金发放不及时的情况。"(F)

"建议以单独发文的形式明确规定单位社保不得列支。"(B、C)

(二)"博新计划"的"评审考核"分项满意度高

调查者对"博新计划"的"评审考核"分项满意度得分较高,这是因为:

一方面,"博新计划"评审过程规范透明。调查者普遍认为,全国博士后管理委员会和中国博士后科学基金会在执行"博新计划"中,制定评审措施和实施过程公平、公正、公开、透明,使得应届博士有平等的机会申报该计划,没有申请者认为有不公平之处,而且程序清楚透明,体现了学术研究的一视同仁。

另一方面,注重对设站单位执行"博新计划"的跟踪管理。全国博士后管理委员会办公室定期对设站单位"博新计划"的实施进行考核,重点考核政策配套情况、人员培养成效,并将考核结果作为博士后设站单位综合评估的依据之一。这些规定不仅对入选者的科研成果转化和资格认定给予了相应的保障,也通过对设站单位的定期考核监管了设站单位的政策落实情况。因此,被调查者在评审考核这一维度下的满意度得分较高,也是对"博新计划"这一政策在评审考核规定方面的认可。

但"博新计划"急功近利的考核要求也受到一些入选者的诟病,需要引起重视。"博新计划"规定:"设站单位应与'博新计划'入选者签订科研计划书,做好绩效评价和成果追踪工作,将创新型科研成果作为考核重点。'博新计划'入选者出站考核合格的,由全国博士后管理委员会印发《博士后证书》"。由于一些博士后站点太看重入选者的绩效评价，忽视出国跟踪的评价，对科研的失败、成果延后效应以及不同学科的差别认识不足。

"迄今为止，'博新计划'对成果的考核不能落实。实际上，博士后只能达到设站单位的科研要求，该计划对科研成果转化的督促力度较小。"（E）

"要想使得'博新计划'的科研成果充分转化，各设站单位应根据学科特点有针对性地制定考核细则及成果鉴定标准，分情况分方面地酌情考量。"（B）

（三）政策理解偏差对"博新计划"满意度降低

博士后作为刚毕业的博士在正式进入教职之前的一个过渡性岗位，与正式教职最大的不同是它还不是一个正式的教职，具有暂时性、临时性和过渡性。博士后结束后，大学与博士后之间有个双方选择的过程，是留校做教师还是放弃教职岗位。显然，博士后不是在职人员。中国博士后制度建立之初，海归博士进入中国博士后科研流动站从事研究，都不是在职人员。但随着中国博士后制度的发展，一些在职人员一边工作一边申请做了博士后。

这变味的博士后制度，在最近一些年已引起博士后管理人员的注意，出台了多项政策要求博士后科研流动站或工作站不能招收在职人员。但现实情况是，一些站点未能严格执行。如"博新计划"的入选条件中还规定"申请者获得该计划后必须全职从事博士后研究工作"。调查中发现，"博新计划"入选者中92.1%为全职从事研究工作，有7.9%为在职人员。他们既要获得"博新计划"的待遇，还要享受工作单位的福利。所以，他们中的一些人由于不能正确理解博士后或博士后制度，反而对"博新计划"满意度不高。

"入选该计划后就要放弃当前从事的工作,未免有些不妥。"(D)

"该计划是为了资助国家急需领域的科研工作者从事研究工作,若盲目放弃自己的工作来做博士后,难免会让年轻博士在申请该计划时迟疑。"(B)

"该计划虽然在资助方面力度较大,但并没有提供博士后出站后的就业岗位。"(E)

还有的"博新计划"入选者认为,需要给予"博新计划"入选者更多的优惠,甚至认为应该将普通博士后与"博新计划"博士后区别对待,不理解所有博士后应一视同仁。

"现今的'博新计划'急需为出站人才铺路搭桥,把'博新计划'纳入高层次人才的序列,在晋升、职称、待遇等方面对用人单位加以引导,促进设站单位和就业单位予以大力支持。"(E)

"'博新计划'获得者在出站找工作时面临一个常见的争议,即'博新计划'能否纳入就业单位的人才招聘计划,很多学校只是当普通博士后对待,并没有相应的就业竞争优势。"(D)

"要建立完善的人才发展机制,保障博士后们在未来职业发展、人才头衔申请中占有一定优势。"(C)

五、结论与建议

(一)基本结论

1."博新计划"实施的整体满意度处于中等偏上水平

一项全国性政策实施的满意度,能够得到大多数赞许,满意度达到中等偏上水平，说明这项政策实施到现在为止是比较成功的。

2. "博新计划"的"评审考核"分项满意度高

"博新计划"的"评审考核"满意度在所有选项中满意度最高，说明这项政策：一是制定的实施措施具有很强的操作性，易于推行；二是在具体实施的落地中，能够保持公正、透明的评审，反映出全国博士后管理委员会、中国博士后科学基金会以及评审专家在整个评审过程中的纪律性和政策性。

3. 政策理解偏差对"博新计划"满意度降低

"博新计划"入选者对博士后制度以及博士后定位的理解不明确，还习惯用计划经济思维来看待一项新政策，需要引起警惕。

（二）建议

1. 加强对各站点"博新计划"经费管理的规范性指导与约束

"博新计划"最大的亮点是，它是有史以来对博士后最强的资助，而且这一资助对高校在职人员都有很大的吸引力。中国博士后科学基金会将"博新计划"入选者资助经费拨付到各省市博士后科研流动站或工作站，虽然提出了不能提取管理费等要求，但对他们违反规定提取管理费没有相应的约束和处罚措施，导致"博新计划"的执行效果降低，入选者满意度也降低。

全国博士后管理委员会和中国博士后科学基金会在制定"博新计划"资助政策时，不仅要制定经费使用指导意见，而且需要对违规使用经费做出相应的处罚措施，如对违规博士后站点可采取要求整改、影响下年度申报等措施。同时，出台完善报销流程措施，减少不必要的报销程序，使资助经费更好地服务博士后，服务博士后科研。

2. 科学制定"博新计划"绩效评估指标

"博新计划"选择的博士后是优中选优的人才支持计划，特别是对服务国家重大发展战略、战略性高新技术和基础科学前沿领域，如能源科学、信息技术、生命科学等国家高精尖研究领域人才的支持。同时，全国博士后管理委员会办公室定期对设站单位"博新计划"实施情况进行考核，重点考核政策配套情况、人员培养成效，并将考核结果作为博士后设站单位综合评估的依据之一。

正是因为该计划的重要性，出台的资助强度超过了过去所有的博士后资助。中央政府投入这笔经费，无疑希望快速产生高层次人才培养绩效和科研绩效，这可以理解。但人才培养是一个长期积累过程，两年博士后经历要让博士后人才性质发生翻天覆地的变化是不现实，也是不可能的。同时，科研成果一味追求短期绩效，违反了科研活动的本身规律。学科不同，科研的发生轨迹也有所不同，科研性质本身也具有相当风险。

"博新计划"需要建立科学评估指标。一是全面评估博士后的绩效，而不只是科研业绩；博士后就是一种工作经历，因此，博士后出站报告更多的是工作报告，而不是科研报告。二是看重博士后研究的长远目标，而不是科研的短期目标，更不是几篇论文，评估太过于追求短期目标，会扼杀科研的基础性和原创性研究。让博士后能够在宽松的学术环境中自由翱翔，选择自己感兴趣的课题和研究方向，让他们在年富力强的年龄自由追求学术理想。三是避免评估指标单一化和单位化，尽可能根据学科和专业制定评估指标。或许根据导师与博士后签订的协议进行评估是恰当的方式。

3. 恰当宣传"博新计划"，吸引有学术追求的科研人才

恰当宣传"博新计划"，让博士后明确"博新计划"的定位与资助，是当前十分重要的工作。一些"博新计划"入选者十分希望将该计划与"杰青""千人计划"等人才计划挂钩，因为对"博新计划"理解上的偏差导致他们中的一些人对"博新计划"满意度不高。简单地说，"博新计划"只是资助经费比普通博士后稍多一些，资助的学科领域更侧重服务国家经济和科技发展需要，而其他方面与其他人才计划没有什么区别。

由此，需要"博新计划"设计者或主管机构，恰当和客观宣传"博新计划"，以免误导或夸大该计划的作用。博士后入选者更要有一个平和的心态，学术追求和科研平台才是发展的硬道理。

参考文献

1. 李倩，史万兵. 我国博士后日常经费结构变化分析 [J]. 黑龙江教育学院学报，2009（10）：871-882.

2. 马志云，刘云，闫哲. 中国博士后日常经费资助的问题分析 [J]. 科研管理，2017（s1）：107-118.

3. 全国博士后管委会办公室. 全国博士后管委会办公室关于做好2018年度博士后创新人才支持计划实施工作的通知 [EB/OL]. http://www.chinapostdoctor.org.cn/WebSite/program/Info_Show.aspx?InfoID=f21d4b15-0e74-463b-9086-5038c587c3ce, 2018-01-23.

4. 人社部. 关于印发博士后创新人才支持计划的通知 [EB/OL]. http://www.chinapostdoctor.org.cn/website/program/info_show.aspx?infoid=f01839cf-f1e1-431f-b80d-4d70eccd98b3, 2016-04-21.

5. 徐红丽. 高校博士后经费管理的建议 [J]. 中国科教创新导刊，2008，（11）：242.

6. 薛二勇. 博士后资助政策的比较分析与战略走向 [J]. 比较教育研究，2012（11）：46-50.

7. 姚云，曹昭乐. 中国博士后资助体系30年及顶层设计重构 [J]. 华东师范大学学报（教育科学版），2017，35（2）：76-82.

8. 姚云. 中国博士后日常经费资助的改革设想 [J]. 国家教育行政学院学报，2013（2）：28-31.

第四章
博士后制度年度研究成果报告

自 1985 年 7 月我国博士后制度正式确立以来,博士后发展走过了 30 多个年头,博士后人员已经成为推动我国科技创新与产出的重要力量。博士后作为高等院校创新人才队伍的主力军,承担着我国科学研究的艰巨使命,为此国家出台了一系列针对博士后创新人才队伍建设的政策,以期进一步推进博士后创新人才发展项目。博士后的制度建设、人才培养质量、人员管理水平、激励措施等诸多问题对我国高水平研究人员的质量具有重要影响,因此受到了全国管理者与研究者们的广泛关注。本章利用文献分析的方法,将 2017 年度关于我国"博士后制度"的文章进行汇总并分析,将文献内容分为博士后队伍建设及培养、博士后资助、博士后管理、博士后制度及政策四类,分别进行呈现和阐述。

第一节 文献来源及分布

"中国知网"数据库的检索,采用检索式"年 between(2017,2017)并且(主题=博士后或者题名=博士后或者 v subject = 中英文扩展(博士后,中英文对照)(模糊匹配)",筛选出 2017 年关于博士后内容的文献 416 篇,剔除非学术研究性及与博士后制度研究内容不相关的文章,最终找到文献 27 篇。文献数据库的来源,除 2 篇来源于学位论文外,其余全部为期刊,其中 CSSCI 期刊文献为 7 篇。根据中国知网 CNKI. NET 计量可视化分析，文献总参考数为142，总被引数为13，篇均参考数为5.26，篇均被引数为0.48，篇均下载数为101.96，下载被引比为211∶77。

文献的学科、基金、机构分布情况如下（剔除两篇研究生学位论文）：

1. 学科分布情况：社会科学Ⅱ辑25篇、经济与管理科学8篇、基础科学3篇、信息科技2篇、医疗卫生科技1篇。

2. 基金分布情况：5篇来源于国家自然科学基金，1篇来源于国家科技基础条件平台建设计划。

3. 机构分布情况：

表4-1　2017年度博士后学术文献发表机构分布

沈阳大学	3篇	北京师范大学	2篇
云南师范大学	2篇	北京理工大学	2篇
南京理工大学	1篇	西北工业大学	1篇
中国农业科学院	1篇	天津医科大学	1篇
郑州大学	1篇	华侨大学	1篇
胜利石油管理局	1篇	西安电子科技大学	1篇
铁道警察学院	1篇	南京水利科学研究院	1篇
浙江大学	1篇	河北大学	1篇
国家图书馆	1篇	湖南大学	1篇
吉林大学	1篇	其他机构	3篇

第二节　文献内容综述

一、博士后队伍建设及培养

博士后队伍建设的质量是发挥博士后高水平人员作用及效率的重要前

提。我国博士后创新人才计划现实困境主要在于：一是实施细节过于提倡物质奖励，忽略精神奖励，管理上"见物不见人"；二是考核指标单一，学科及学科间人数差异较大；三是评价体系尚不成熟，对博士后人员管理风险的可控性不高。针对性改革建议：一是提升项目可操作性，加强政策弹性；二是重视人才价值，滋养人才培育文化土壤；三是优化创新型人才价值评价体系，加强与社会的联系。（张睦楚，2017）

企业博士后培养的意义：一是打造科技创新生力军，驱动企业创新发展；二是打造领军专家预备队，巩固企业人才高地；三是打造人才培养"特区"，促进体制机制创新。影响国有企业博士后培养的因素分为内因和外因两个方面，其完善措施主要为：一是健全系统化素能提升机制，二是健全一体化作用发挥机制，三是健全差异化考评机制，四是健全多元化激励机制；五是健全实效化成果转化机制，六是健全常态化保障机制。（赵强，2017）

博士后队伍是我国高层次人才的重要组成部分，我国高层次人才队伍中存在的突出问题是：一是我国高层次人才老龄化严重，迫切需要输送年轻血液；二是我国高层次人才培养存在"重引进，轻自主培养"的现状，本土人才培养机制有待加强；三是高层次人才存在"流失海外"的现象。博士后人才属于高层次人才结构之一，博士后制度对高层次人才发展的促进已取得显著成绩。截止到 2013 年，博士后出站入选 973 计划首席科学家、863 项目计划负责人以及长江学者平均入选率在 10% 左右；国家杰出青年基金入选率达到 21.04%；"国务院政府特殊津贴专家"入选率达到 8.65%。据不完全统计，在国家科学进步奖和国家自然科学奖部分，有博士后经历的人员，分别占 29.83% 和 44.44%；博士后人员在年龄、精力、适应环境等方面具备优势，能够迅速成长为人才队伍的主力军，更弥补了我国高校薪资标准与实际产出不成正比的缺点。创新博士后人才培养机制，需要：创新博士后人才制度，探索新型培养模式，如浙江大学与燕山大学实施的师资博士后制度和复旦大学自主培养博士后留校任教制度，都取得了不错的成果；加强博士后改革制度，开辟资金来源，加大对博士后的吸引力度；坚持国际化培养，创建学术交流平台，如"香江学者计划""博士后国际交流计划"等，避免科研人员躲在"象牙塔"内闭门造车与实际需求脱节的情况。（傅韬，陈欣，2017）

目前我国博士后规模一直在稳定增长，虽然人数具备相当的规模，但与欧美发达国家相比仍需经历一个从量到质的变化过程。我国博士后规模的发展，一是扩大设站规模，二是提高博士后人员待遇，三是增加博士后国际交流合作机会。博士后质量建设，则要：对博士后及合作导师合理定位，将博士后和博士之间的区别，即学位与职业问题做好厘清；加强学术交流，目前我国博士后对学术交流的重视不足，对国内外相关领域的研究工作了解不全面；注重培养创造性思维，端正研究态度，改正研究习惯，培养严谨求实的科研精神；构建科学的评价体系，在入站、进行研究及出站的环节中加强对博士后的学术潜力、工作进展及工作价值的考核评估等。（白冰洋，2017）

随着博士后招收规模的增加，博士后招收数量与培养质量之间的矛盾日益凸显。高校作为培养博士后的主要场所，存在的主要问题：一是岗位性质不明确，博士后规模扩大，博士后人员从最初的精英阶层逐渐成为社会中普通的科研人员，成为了"科研临时工"，身份尴尬，造成博士后人员心理落差较大，情感上与主流渐渐疏离；二是发展前途不确定，随着高层次人才队伍日益扩大，博士后待遇优势逐步减弱，由于"科研临时工"的身份无法给博士后人员一个稳定的发展未来，造成高水平人员选择博士后工作的热情减弱；三是经费投入不足，当前我国博士后经费资助与国外发达国家仍有很大差距，因此出现了人才流失的情况，且目前我国对博士后的资助力度呈现下降趋势，经费使用很大程度上依赖于合作导师的科研经费，造成经费支撑不可预测，减弱了博士后创新研究工作的积极性，影响了博士后的培养质量;四是评价考核不科学,我国博士后评价方式仍以发表论文、申请专利的数量作为主要评价指标,忽略了博士后在站周期与科研生产周期不相匹配的问题,影响了科研的可持续性,因此不能全面客观地对博士后成果做出评估;五是国际化水平不高,我国外籍博士后和留学归国博士后人员所占比例较低,且外籍人员多来自于发展中国家,影响了我国博士后工作的国际前瞻性及创新性的发展;六是管理人员服务意识淡薄,博士后人员的增加加大了管理的难度,由于招收规模扩大、质量意识不足和导师工作急需等原因,在招收过程中存在降低标准、简化程序、弱化要求的现象,影响了博士后工作的质量。改革措施有:协调博士后与师资一体化培养,形成精准定位、严格考核、提升待遇,博士后与师资队伍两者互相促进、互相支撑的制度;实施弹性培养模式,取消固定在站时间限制,采取"2+X"的在站时间模式,让博士后人员得到充分的机会锻炼成长;做好"择优"工作,管理人员在招收时尽可能全面了解生源情况,在开题、中期、出站等时期加大考核力度;提高博士后资助力度;完善博士后绩效评价体系;搭建博士后培养国际化平台。(赵小俊,林良夫,2017)

博士后培养国际化是博士后工作的重要环节。当前,判断博士后培养国际化水平的要素有:外籍博士后人数/博士后招收总人数、留学回国做博士后人数/博士后招收总人数、本国博士后出国合作研究的比例、博士后论文发表的国际化程度。提升博士后国际化水平:一是推进双一流建设的迫切需求,二是培养创新型人才的题中之意,三是促进产学研融合的内在要求。但博士后培养国际化困境:一是资助工作的精神缺失,资助条件不平衡,申请人条件限制,缺乏人文关怀;二是评价体系的结构缺失,忽略国际化本真内涵和丰富内涵;三是培养思维的创新缺失。改革路径:一是搭平台,为博士后培养国际化汇聚人才支撑;二是强保障,为博士后培养国际化构建坚实基础;三是重创新,为博士后培养国际化谋求发展实

效。（李佩弦，2017）

基于中美博士后国际化水平比较分析，2005年美国大学协会博士后教育委员会通过对30个研究机构的14 289名博士后进行调查发现，其外籍人员占比高达65.00%，主要来自英、日、德、印、加等五国；就学科领域而言，生命科学领域博士后研究人员明显超过其他学科，其次为物理科学和工程学科。而截至2013年底，中国外籍博士后人数占比最高值仅为2.38%，中国博士后国际化水平明显不足。今后必须采取的措施：一是实施走出去战略，提高博士后研究人员派出规模；二是实施引进来战略，提升留学博士和外籍博士后招收比例；三是加强制度和平台建设，促进博士后研究人员的国际交流。（黄英婉，2017）

博士后人才培养的出站标准影响因素的研究，选取的案例是中国农业科学院博士后，采用了STATA软件对Heckman两阶段模型进行模拟后发现：研究方向直接影响到了博士后完成出站标准；在站时间显著影响了博士后出站标准；入站前的科研产出显著影响博士后完成出站标准；合作导师的要求显著影响了博士后的科研产出。提出的建议：全面提高博士后的进站标准，给予合作导师更大权力，制定科学合理的博士后在站时间。（朱宁，李巨光，2017）

二、博士后资助

博士后的资助主要包括博士后日常经费资助和中国博士后科学基金资助两大类。经过30多年的演变，博士后日常经费资助是为博士后生活提供的资助，中国博士后科学基金资助是为博士后从事科研提供的研究经费资助。

北京理工大学的研究人员采用混合研究方法（MMR）对全国400多家博士后流动站进行了深入调研和访谈，调研内容包括博士后日常经费资助满意度等方面。研究得出：博士后日常经费资助满意度是可观的，98.69%

的设站单位对日常经费在各环节的绩效和管理是满意的。从区域角度来看，北上广深地区博士后设站单位满意度的综合得分低于东部地区设站单位，而东部地区综合得分低于西部地区。从设站单位性质来看，研究院（所）满意度的综合得分明显低于高校，其中中科院系统综合得分最低。在设站高校中，985高校满意度得分低于211高校，而211高校满意度又低于其他一般学校，且这种差异在不同区域表现更为明显。分析其原因，可能的情况是发达地区、高水平科研机构对博士后日常经费资助有更高的期望；发达地区博士后更在乎考虑市场因素的资助标准、方案、覆盖面等；西部地区由于各项资源相对缺乏而更关注于资助政策如何增加和倾斜等。该研究提出的改革建议：一是加大日常经费的投入力度，二是施行差异化资助，三是建立反映市场因素的动态增长机制，四是建立自上向下的资助体制。（马志云，刘云，闫哲，2017）

中国博士后资助体系创建已有30年，每年中央和地方政府，大学和企业都会直接和间接投入大量经费资助博士后。博士后资助体系会直接影响到博士后招收规模、培养方式和培养质量。博士后资助体系是博士后制度建设的核心内容，现行的资助体系问题：一是资助强度极不公平，动摇了博士后生存与发展的基石；二是资助主体多元化，导致博士后成果归属难处理；三是资助申请时间不合理，影响有价值课题申报；四是计划经济资助思维惯性，增加了站点管理难度。博士后资助体系的改革，不能简单地认为从一个方面入手就能解决所有问题，必须从制度设计本身进行系统性改革。从博士后制度顶层设计重构博士后资助体系，其基本思路为"变分散资助为全额资助"。资助类型可分为三种资助：教授资助项目、政府资助项目、站点资助项目。资助项目申请时间为进站前选择一个种类进行申请，并与资助主体签订协议，明确双方责权，之后出站评估按照双方协议约定进行。（姚云，曹昭乐，2017）

三、博士后管理

我国博士后流动站大多设在高校,因此高校成为我国博士后管理工作的重要阵地,博士后管理工作中遇到的问题和困难的逐渐显现,给高校博士后管理工作者带来了巨大挑战。如何做到博士后工作的科学化、人性化、高效化,是各高校管理者一直探索的问题。吉林大学发现,高校博士后管理工作的弊端主要集中在博士后招收和进出站的管理方面。以吉林大学为例,现有42个博士后流动站,涉及45个基层学院和研究单位,他们所招收的博士后时间跨度较大和部门工作协调等问题,大大降低了博士后管理工作效率;博士后经费投入不足,目前国家划拨经费标准为8万元/人,仍存在巨大缺口,造成本土人才吸引力不够,亦无法吸引国外人才;博士后考核指标烦琐与模糊。目前吉林大学在博士后招收方面试行分类招收、合约管理、目标考核等措施,已取得预期效果;博士后管理职责中学术人员参与较少,大量事务性工作堆积到博士后管理部门,导致院系层面管理弱化,造成博士后人员游离于学院之外的尴尬境地,与权力管理重心下移的倡导背道而驰。针对上述问题,该校重点在以下领域进行探索改革:搭建信息平台、提高管理水平;完善资助体系,加大经费支持;创新管理思路,健全考核体系;强化分级管理,加强队伍建设。(贾丽华,王昊丰,申川,2017)

完善博士后管理机制,需要进一步放开和完善博士后流动站管理机制,扩大博士后招聘数量,提升其流动性,主要措施为:依托国家体制内的博士后流动站载体,鼓励有能力的科研部门自主招收计划外博士,充实本单位研究团队,经费资助由招收单位自行或部分自行承担;放开和鼓励社会各界对博士后事业的投入;建立更加灵活的科研团队机制,以团队建设创新促进整体科研水平提升,允许更多副教授甚至优秀讲师成为博士后合作导师,改变仅有博士导师招收博士后的局限。(崔铁宁,2017)

高校招到优秀博士后，要面对教育市场中的激烈竞争，高校需要不断提高自身影响力和竞争力，树立以人为本的工作理念，科学高效地为博士后人才服务，从而吸引和留住人才。针对高校博士后管理工作中存在的管理经费有限、吸引力不足，管理职责不明确、整体工作效率偏低，博士后进出站业务处理烦琐等问题，坚持"以人为本"的工作理念，在高校博士后管理实践中可采取：以情沟通，强化人文关怀工作；以情动人，加强博士后管理队伍建设，激发博士后人员的才能等措施。（张富荣，周美丽，2017）

博士后考核机制是全面体现博士后科研水平以及学术道德的有效途径，是博士后管理的关键要素，是博士后工作质量的重要保障。我国目前对博士后在站期间的考核，没有明确规定，相关职责落在导师身上。例如西安电子科技大学一般采用学校、学院、导师三级联合进行考核，分为进站考核、中期考核及出站考核。目前博士后考核机制存在的问题：一是进站考核不严格，合作导师配合力度不足；二是博士后奖惩制度有待完善，科研成果缺乏创新；三是考核方式过于片面，考核结果认可度欠缺。这些问题的改进，需要把握进站门槛，优化研究方向；严抓日常考勤，促进导师配合；制定奖惩制度，实施动态调整；拒绝论文独断，综合全面考核；完善支撑评审，创造公平竞争，促使博士后制度持续稳定发展。（李攀，杜小刚，2017）

博士后管理中除了日常管理外，博士后退站现象在管理中也影响到管理绩效。博士后退站的原因：一是认识不到位，将博士后看成是比博士更高一级的学位，带有镀金思想；二是人员自身原因，目标不清晰，与导师合作不协调，过度依赖导师等；三是工作原因，将博士后阶段作为就业前的临时过渡；四是培养主体没有落实到位、管理不严格，导致博士后人员无法较好开展研究工作，无法达到出站要求；五是管理政策不完善等。这些问题要得到解决，一是提高认识水平，正确定位我国博士后制度；二是完善管理制度,把好入站考核关;三是加强博士后导师管理,督促导师严格负起责任,并将退站人数与导师资格挂钩。(谢勇,2017)

四、博士后制度及政策

博士后制度可以追溯到18世纪的霍普金斯大学,但形成制度却是在"二战"之后。我国于1985年建立博士后制度。回顾博士后制度发展的30年,可将其历史简单地分为开拓尝试阶段(1985—1987年)、拓展规范阶段(1988—2010年)、深化发展阶段(2011年至今)。中国博士后科学基金资助的30年,资助特点可概括为:第一,资助总金额基本呈现逐年走高趋势;第二,资助总金额呈现四个明显增长波段。30年来,博士后制度成为高层次人才成长的平台,培养了大批高层次人才,促进了大学与企业高层次人才基地建设。但博士后制度面临的问题:一是分散式资助设计影响到博士后制度价值,二是粗放型规模扩张影响博士后制度品牌。对于未来改革:一是合理定位博士后身份,找到制度生存空间;二是改分散资助为全额资助,构建博士后资助新体系;三是缩减站点数量与扩大站点规模,构建博士后站点设置新制度;四是减少层级下移重心,形成以服务为中心的博士后管培新制度。(姚云,曹昭乐,唐艺卿,2017)也有学者将我国30余年的博士后制度分为四个阶段:博士后制度初创阶段(1985—1987年)、快速与全面发展阶段(1988—1997年)、稳定发展阶段(1998—2010年)、加速发展阶段(2011年至今)。我国博士后人才创新的内涵包括制度创新、管理体制创新、培养制度创新、经费筹措制度创新、评价制度创新等方面。(张睦楚,2017)

博士后管理制度的改革,一要突出设站单位的主体价值,给予设站单位更大的自主权限,丰富人才引进和培养的形式;二要明确博士后研究人员定位,依照博士后人员性质与单位签订聘用合同,完善其薪资待遇,使其安心稳定从事博士后研究工作;三要改革设站以及培养方式,加大对中小型高科技企业，特别是民营中小型高科技企业设立博士后科研工作站的支持力度；四要实施分级管理，设立国家级、省市级、单位级的管理制度，保障博士后人才最大限度地发挥重要价值。（胡哲，刘兆衡，林海霞，2017）

2017年3月，人力资源和社会保障部印发了《关于贯彻落实〈国务院办公厅关于改革完善博士后制度的意见〉有关问题的通知》（人社部发〔2017〕20号），就博士后平台建设、人员招收管理、工作服务水平及评估工作等方面明确了进一步加大力度改革。该文件主要覆盖以下几方面：一是简政放权，优化博士后工作平台建设；二是明确定位，严控博士后人员招收管理；三是提高待遇，提升博士后工作服务水平；四是科学规划，推进博士后评估工作制度化。（黄英婉，2017）

博士后基金的绩效评估需求和绩效特征的有关研究表明：一是博士后基金初步形成较完整的资助体系，二是博士后基金促进了高层次创新型人才成长，三是博士后基金促进了创新型研究成果的取得。（刘云，杨芳娟，陈颖，等，2017）

师资博士后是中国博士后制度发展中提出的一种博士后，他们是以补充和培养大学师资为目的，根据大学年度师资需求计划，依照教师选拔程序招收的有志于从事高校教师工作的博士后，并纳入在职教师管理，享受与在职教师类似待遇的一种博士后。目前对国内师资博士后制度的研究主要在：师资博士后制度的概念和特点的研究、师资博士后制度的优势和功能、师资博士后发展中存在的问题三个方面。目前我国师资博士后有三种类型：一是根据应聘者的条件和学院的实际需要，将部分优秀应届博士生安排到师资博士后岗位，借助博士后科研流动站平台来培养师资，如深圳大学；二是凡以师资名义新引进的博士毕业生，只要符合博士后进站条件都进入博士后流动站，并按师资博士后的标准来培养，如苏州大学、燕山大学；三是在已招博士后中筛选出符合学校师资发展需求的博士后，通过签订校内相关协议把他们纳入后备师资培养对象，如复旦大学。师资博士后制度实施呈现了一定效果：一是在管理层面上，缓解了学校编制紧张与高质量青年人才引进之间的矛盾，拓宽了博士后招收渠道，壮大了博士后队伍，把控师资"入口关"，降低了人才引进风险、提升了师资队伍质量。二是在本校博士层面上，推动跨学科交流，实现互惠共赢。三是在非本校毕业博士层面上，提供职业过渡、适应期，促进专业发展，创新就业渠道，形成良性竞争、激励环境。（方蒙蒙，2017）

第三节　文献研究特点

"博士后队伍建设及培养"方面的研究，集中在博士后人员对国家科研及人才发展的意义，我国博士后人才培养现状与问题等。针对我国博士后培养中的招收数量与培养质量之间的矛盾，提出了从招收、合作导师制度、人才待遇、人才考核评价方式等方面进行改革的意见。

"博士后资助"方面的研究，侧重分析当前资助政策的作用和问题，提出改进资助政策的建议。

"博士后管理"方面的研究，一般围绕"博士后进出站""合作导师""考核评价""在站期间管理""合作导师自主权"等问题进行研究。提出的改进措施有"加大导师自主权""在进出站两个关口把好人才选拔关""考评多元化"等。

"博士后制度及政策"方面的研究，集中对博士后制度的历史发展脉络做出梳理和分析，对我国博士后政策本土化特点进行解释说明等。其中，特别是对"师资博士后""企业博士后"等进行专门分析。

2017年度关于博士后方面的研究成果，呈现出以下特点：

1. 定量研究与定性研究并存。但基于实证数据及模型的量化研究较少，多为思辨性研究。

2. 分析中国博士后制度的来龙去脉及其各阶段特点较为透彻，对不同发展时期的政策环境解释清楚。

3. 本校博士后制度研究较多，但从国家层面的顶层设计研究较少。

参考文献

[1] 朱宁，李巨光. 博士后完成出站标准的影响因素分析——以中国农业科学院博士后为例[J]. 科技管理研究，2017，37（24）：93-97.

[2] 李佩弦. 博士后培养国际化的现实困境及路径选择[J]. 人力资源管理，2017，(11)：34-36.

[3] 胡哲，刘兆衡，林海霞. 浅谈对推进博士后制度改革和完善的几点思考[J]. 人力资源管理，2017，(11)：271-272.

[4] 刘云，杨芳娟，陈颖，等. 中国博士后科学基金绩效评估体系构建及实证研究[J]. 科研管理，2017，38（10）：138-149.

[5] 李攀，杜小刚. 建立合理高效的博士后考核机制的探讨[J]. 教育教学论坛，2017，(42)：40-41.

[6] 傅韬，陈欣. 博士后队伍培养对高层次人才队伍建设的重要作用[J]. 中国高等医学教育，2017，(10)：37-38.

[7] 刘珊，王真栋，占莎，等. 浅析博士后高端人才的管理[J]. 人才资源开发，2017，(18)：38-39.

[8] 黄英婉. 基于中美比较视域下提高中国博士后国际化水平路径探究[J]. 科教文汇（中旬刊），2017，(09)：122-123.

[9] 姚云，曹昭乐，唐艺卿. 中国博士后制度30年发展与未来改革[J]. 教育研究，2017，38（09）：76-82.

[10] 袁广林. 企业博士后：内涵特征，生成逻辑与培养机制[J]. 国家教育行政学院学报，2017，(09)：35-40.

[11] 黄英婉. 中国博士后制度建设发展趋势解析[J]. 西部素质教

育，2017，3（17）：113.

［12］张富荣，周美丽. 以人为本在高校博士后管理中的应用［J］. 教育观察（上半月），2017，6（15）：43-44.

［13］崔铁宁. 完善博士后管理机制［J］. 北京观察，2017，(08)：49.

［14］黄英婉. 高校师资博士后制度发展及其路径探析［J］. 教育现代化，2017，4（31）：94-95.

［15］李璠. 我国博士后研究报告数据库建设的困境与解决对策［J］. 中国管理信息化，2017，20（14）：135-136.

［16］李璠. 博士后研究报告的收集与利用——以国家图书馆为例［J］. 情报探索，2017，（07）：104-107.

［17］贾丽华，王昊丰，申川. 中国高校博士后管理工作中的问题与思考［J］. 高教研究与实践，2017，36（02）：51-54.

［18］刘珊，王真栋，占莎，等. 关于博士后人才管理工作的实践与思考［J］. 人才资源开发，2017，（12）：57-58.

［19］葛昀洲，付瑶瑶，赵文华. 中外企业博士后基金资助模式及特点的比较研究——以加拿大IRDF和中国CPSF为例［J］. 高等工程教育研究，2017，（03）：187-191.

［20］任孝平，杨帆，宋扬，等. 博士后创新研究对计量科研能力提升的影响［J］. 中国计量，2017，（05）：32-34.

［21］马志云，刘云，闫哲. 中国博士后日常经费资助的问题分析［J］. 科研管理，2017，38（S1）：107-118.

［22］赵强. 基于创新驱动战略的国有企业博士后培养机制研究［J］. 山东社会科学，2017，（04）：142-145.

［23］姚云，曹昭乐. 中国博士后资助体系30年及顶层设计重构［J］. 华东师范大学学报（教育科学版），2017，35（02）：76-82+122.

[24] 谢勇. 博士后研究人员退站现象分析及对策 [J]. 北方经贸, 2017, (03): 150-151.

[25] 白冰洋. 博士后人才队伍发展若干问题研究 [J]. 西北工业大学学报（社会科学版）, 2017, 37 (01): 78-81.

[26] 张睦楚. 在探索中改革：我国博士后创新人才培养政策发展的历程 [J]. 黑龙江高教研究, 2017, (03): 29-33.

[27] 张睦楚. 博士后创新人才发展的现实困境及路径选择 [J]. 教育评论, 2017, (02): 16-19.

附录1
国务院办公厅关于改革完善博士后制度的意见

国务院办公厅关于
改革完善博士后制度的意见
国办发〔2015〕87号

各省、自治区、直辖市人民政府,国务院各部委、各直属机构:

博士后制度是我国培养高层次创新型青年人才的一项重要制度,自1985年建立以来,培养了一批高层次创新型人才,取得了一批重要科研成果,为推动科技进步和经济社会发展作出了积极贡献。但与此同时,我国博士后制度还存在定位不够明确、设站单位主体作用发挥不足、培养质量有待提升、招收培养评价办法不够健全、国际化水平不高等问题。为深入实施人才优先发展战略,更好发挥博士后制度在培养高层次创新型青年人才、推动大众创业万众创新中的重要作用,经国务院同意,现提出以下意见:

一、总体要求

(一)指导思想。全面贯彻党的十八大和十八届二中、三中、四中、五中全会精神,按照党中央、国务院决策部署,牢固树立并切实贯彻创新、协调、绿色、开放、共享的发展理念,深入实施创新驱动发展战略和人才优先发展战略，推进人才发展体制改革和政策创新，以解决制约博士后事业发展的重大问题为导向，以提高博士后研究人员培养质量为核心，创新符合青年人才成长规律及博士后研究人员特点的管理制度，完善体制机制，健全服务体系，提升国际化水平，推动博士后事业科学发展。

（二）基本原则。

坚持问题导向，完善体制机制。把解决制约博士后事业发展的突出问题作为首要任务，明确博士后研究人员定位，完善考核奖励制度，巩固博士后制度独特优势，增强博士后制度吸引力。

坚持分类管理，着力提高质量。把提升博士后研究人员培养质量作为改革完善博士后制度的核心，强化设站单位和博士后合作导师在博士后研究人员培养中的作用，支持设站单位对博士后研究人员实施分类管理。紧密结合重大项目，加强研究工作的创新性，加大学术交流和国际交流力度，培养更多高层次创新型青年人才。

坚持服务发展，扶持创新创业。把扶持创新创业作为改革完善博士后制度的着力点，制定扶持政策，引导博士后研究人员到企业创新创业，把科研成果转化为生产力。

坚持以人为本，健全服务体系。把健全服务体系作为改革完善博士后制度的落脚点，建立博士后研究人员进出站工作服务协调机制，建设交流平台，充分发挥社会组织作用，为博士后研究人员提供更好的服务保障。

（三）主要目标。通过改革设站和招收方式，完善管理制度，加强培养考核，促进国际交流，充分发挥博士后制度在高校和科研院所人才引进中的重要作用、设站单位在博士后研究人员培养使用中的主体作用、博士后研究人员在科研团队中的骨干作用，推动博士后制度成为吸引、培养高层次青年人才的重要渠道。到2020年，重点高校、科研院所新进教学科研人员和国家重大科技项目中博士后研究人员比例有明显提高，外籍和留学回国博士后新进站人数进一步增加，人才吸引效应显著增强。

二、改革管理制度

（四）明确博士后研究人员定位。博士后研究人员作为国家有计划、有目的培养的高层次创新型青年人才，在站期间是具有流动性质的科研人员。博士后研究人员在站时间一般为2年，根据项目需要可在2—4年内灵活确定；对进站后承担国家重大科技项目的，应当根据项目资助期限和承担的任务及时调整在站时间，最长不超过6年。博士后研究人员享受设站单位职工待遇，设站单位应按单位性质与博士后研究人员签订事业单位聘用合同、企业劳动合同或工作协议，并按有关规定为博士后研究人员缴纳社会保险费。

（五）明确设站单位主体地位。充分发挥高校、科研院所、企业在博士后研究人员招收培养中的主体作用。博士后设站单位是对博士后研究人员进行管理的责任主体，负责研究制定具体管理办法，规范博士后研究人员进站程序，加强过程评价，严格出站考核，切实履行管理责任。改革博士后证书发放方式，除国家实施的博士后培养专项计划博士后证书由全国博士后管理委员会发放外，科研流动站博士后证书由设站单位发放，科研工作站博士后证书由省级人力资源社会保障部门发放。

（六）改进设站和培养方式。严格设站条件，严守设站程序，优化设站结构布局，适度控制设站规模，适当下放设站审批权限。开展博士后科研工作站独立招收试点和博士后科研流动站设站方式改革试点。加大对中小型高科技企业特别是民营中小型高科技企业设立博士后科研工作站的支持力度，下放园区类博士后科研工作站分站设站审批权限。在总结经验基础上，规范博士后科研流动站、科研工作站联合培养工作。

（七）全面推开分级管理。逐步健全国家、省（区、市）、设站单位三级管理体制。国家博士后工作管理部门负责制定全国博士后工作发展规划、政策法规、管理制度，组织实施国家重点项目、资助计划，开展设站审批、交流服务等工作。省级博士后工作管理部门负责制定本省（区、市）博士后工作管理实施细则，开展进出站管理、经费资助、评估考核、服务保障等工作。设站单位负责博士后研究人员的招收、培养、考核、管理、服务等具体工作。

三、完善管理办法

（八）完善招收办法。坚持博士后制度培养青年人才的基本方向，博士后申请者一般应为新近毕业的博士毕业生，年龄应在35周岁以下，申请进入企业博士后科研工作站或人文社会科学领域、人才紧缺基础薄弱的自然科学领域博士后科研流动站的，可适当放宽进站条件。设有国家重点科研基地、承担国家重大科技项目的非设站单位，备案后可以依托重大科技项目招收项目博士后。适当放开设站单位博士毕业生不得进入本单位同一个一级学科博士后科研流动站的限制。在职博士后研究人员应以高校、科研院所教学科研人员为主，并严格控制比例。不得招收党政机关领导干部在职进站从事博士后研究。

（九）健全培养及评价办法。完善博士后研究人员站内资助办法。博士后研究人员在站期间科研成果可作为在站或出站后评聘职称的依据。强化设站单位专家学术委员会在博士后进站遴选、中期考核、出站评定中的作用，发挥博士后合作导师在博士后研究人员招收、培养、考核、管理等方面的作用。建立以科研计划书为主要内容的培养制度，完善以创新性科研成果为核心评价标准的博士后绩效考核评价体系。支持设站单位对不同学科领域、不同研究类型的博士后研究人员实施分类培养、分类评价。

（十）畅通退出渠道。明确博士后研究人员退站条件和程序。建立博士后科研流动站、科研工作站与全国人才流动中心、各地人才流动服务机构的协调联动机制，由全国人才流动中心或各省（区、市）确定的人才流动服务机构按照人事档案管理规定接收保管退站、滞站博士后研究人员的人事档案。

四、提高培养质量

（十一）结合重点科研基地和项目培养。鼓励设站单位、备案的非设站单位依托国家重点科研基地或承担的国家重大科技项目招收培养博士后研究人员。鼓励设站单位围绕博士后研究人员组建科研创新团队。支持博士后研究人员参与国家重点领域、重大专项、前沿技术和重大科学研究计划。

（十二）加大交流力度。加大博士后国际交流计划实施力度，大力吸引海外博士来华（回国）从事博士后研究，加大博士后研究人员参加国际学术交流力度。支持有条件的地方、部门和设站单位设立博士后国际交流项目，与国际一流大学、科研院所等签订博士后研究人员交流协议，定期或不定期开展学术交流活动，进一步提升学术水平，深入推进全国博士后学术交流活动。

（十三）完善评估机制。加强博士后研究人员培养质量动态跟踪。对博士后科研流动站、科研工作站实施分类评估。综合评估工作每五年开展一次，对评估结果优秀的单位按有关规定给予表彰或表扬，对评估不合格的单位取消设站资格。指导地方建立实时、动态的评估体系，授权地方开展新设博士后科研流动站、科研工作站评估工作。

五、支持创新创业

（十四）积极推进科研成果转化。围绕实施创新驱动发展战略和国家区域发展总体战略、适应产业转型升级需要，统筹利用现有科技资源，依托现有创新示范中心和科研成果转化基地，大力支持博士后研究人员创新创业，促进科研成果转化。

（十五）完善创新创业激励政策。在站博士后研究人员按规定享受国家关于支持科技人员创新创业的激励政策。博士后研究人员按国家有关规定享受在站期间科研成果转化收益。鼓励符合条件的企业按照有关规定，通过股权、期权、分红等激励方式，调动博士后研究人员创新创业的积极性。

六、做好保障工作

（十六）完善博士后日常经费和科研经费投入机制。自2015年8月1日起，博士后研究人员日常经费标准由每人每年5万元提高到每人每年8万元。整合优化各项博士后人才培养计划，突出特色，提升效率。地方和设站单位可根据自身情况给予配套投入，支持有条件的地方设立博士后创业基金。设站单位投入博士后工作的经费中，用于研发新技术、新产品、新工艺的，按照国家税收有关规定，享受企业所得税税前加计扣除优惠。推进博士后公寓建设，鼓励地方和设站单位采取多种方式解决在站博士后研究人员周转住房问题。

（十七）鼓励社会资金投入。充分利用市场机制，采取鼓励政策措施，引导社会资金通过设立优秀博士后奖励基金、风险投资基金、产业引导基金等形式，支持博士后研究人员创新创业、资助创业孵化和科技成果转化，并获得相应的回报。

（十八）提升服务水平。建立国家与地方博士后研究人员进出站工作服务协调机制，推进博士后研究人员进出站"在线预审、一次办结"服务平台建设和使用，提高博士后研究人员进出站服务效率。为外籍来华博士后研究人员提供便利，按照在站时间办理签证、工作许可和居留手续。

（十九）建设交流平台。将全国博士后人才和科技项目交流信息服务系统纳入"金保工程"统筹建设，加强博士后人才、科技成果与用人单位和市场的信息沟通，提供相应的服务。实施自然科学、人文社会科学优秀博士后论著出版支持计划。发挥定期开展的博士后科技服务团作用，为中西部地区提供科技服务。支持地方政府、部门和社会组织搭建区域性博士后交流平台，推进博士后人才和科技项目对接。

（二十）发挥社会组织作用。支持博士后发起成立学术性社会组织，搭建学术交流平台。通过政府转移职能、购买服务等方式，支持社会组织为博士后科技研发、自主创新、人才培养等方面提供服务。

各地区和有关部门要充分认识改革完善博士后制度的重要意义，加强组织领导，密切协同配合，确保改革完善博士后制度的各项目标任务落实到位。

国务院办公厅

2015年11月30日

附录 2
2017 年度中国博士后发展大事记

序号	时间	主题	主要内容
1	2017-1-12	"第34批中国博士后科技服务团山东蓬莱行"活动在蓬莱市启动	1月12日,"第34批中国博士后科技服务团山东蓬莱行"活动在山东省蓬莱市启动。来自中国科学院等11名博士后与蓬莱市8家企业的15个项目成功对接。
2	2017-4-7	"博士后科技服务基层·河北唐山行"活动启动	4月7日,"博士后科技服务基层·河北唐山行"活动启动。来自全国知名高校的15名博士后与唐山市项目需求单位对接洽谈。
3	2017-4-11	"博士后创新人才支持计划"专家评审会在京举行	4月11-12日,2017年度"博士后创新人才支持计划"专家评审会议在北京会议中心举行。2017年符合申报条件的博士后有1 090人。
4	2017-4-18	"支持'率先行动'联合资助优秀博士后项目"专家评审会在京举行	4月18-19日,2017年度"支持'率先行动'中国博士后科学基金会与中国科学院联合资助优秀博士后项目"专家评审会在北京会议中心举行。经专家评审,共有50名博士后获得该项目资助。

续表

序号	时间	主题	主要内容
5	2017-4-25	"博士后国际交流计划暨香江学者计划"专家评审会在京举行	4月25-26日，2017年度"博士后国际交流计划暨香江学者计划"专家评审会在北京会议中心举行。根据2017年度资助计划，博士后国际交流计划派出项目拟资助120人，香江学者计划拟资助60人。
6	2017-4-29	"第八届清华大学博士后创新论坛"在京举行	4月29日，"第八届清华大学博士后创新论坛"在北京清华大学学生文化活动中心举行。论坛由全国博士后管理委员会办公室、中国博士后科学基金会、清华大学共同主办，清华大学博士后管理办公室和清华博士后校友会承办。来自清华大学百余名在站和出站博士后参加论坛。
7	2017-5-4	2017年度"博士后创新人才支持计划"获选结果公布	5月4日，全国博士后管理委员会办公室公布了2017年度"博士后创新人才支持计划"获选人员名单和候补人员名单，确定了300名资助人员和25名候补人员。
8	2017-5-4	2017年度"博士后国际交流计划"派出项目获选结果公布	5月4日，全国博士后管理委员会办公室组织开展了2017年度"博士后国际交流计划"派出项目申报工作。经过专家评审，确定2017年度"博士后国际交流计划"派出项目获选人员120人，全国博士后管理委员会资助每位获选人员30万元。

续表

序号	时间	主题	主要内容
9	2017-5-8	中国博士后科学基金第61批面上资助人员名单公布	5月8日,中国博士后科学基金会在官网上公布了中国博士后科学基金第61批面上资助人员名单,获得资助的博士后有3 442人,其中一等资助689人,每人8万元,二等资助2 703人,每人5万元,"西部地区博士后人才资助计划"50人,每人5万元。
10	2017-5-20	"'习近平扶贫开发重要思想研究学术研讨会'全国博士后论坛"在贵阳举行	5月20日,"'习近平扶贫开发重要思想研究学术研讨会'全国博士后论坛"在贵阳举行。论坛由全国博士后管理委员会、中国博士后科学基金会、贵州省人力资源和社会保障厅主办。
11	2017-5-25	中国博士后科学基金第10批特别资助专家评审会在京召开	5月25—26日,中国博士后科学基金会第10批特别资助专家评审会在北京会议中心召开。本次会议共有78名专家参加,共评审出833名获特别资助者。
12	2017-6-6	全国博士后管理工作座谈会在渝召开	6月6—7日,全国博士后管理工作座谈会在重庆市召开。人力资源和社会保障部、全国各省(区、市)以及中央军委政治工作部干部局博士后干部管理部门有关领导围绕《关于贯彻落实〈国务院办公厅关于改革完善博士后制度的意见〉有关问题的通知》进行了交流。

续表

序号	时间	主题	主要内容
13	2017-6-8	2017年度"支持'率先行动'中国博士后科学基金会与中国科学院联合资助优秀博士后项目"获资助人员名单公布	6月8日,根据《支持"率先行动"中国博士后科学基金会与中国科学院联合资助优秀博士后项目管理办法》,经过专家评审,2017年度将对50名博士后予以资助。
14	2017-6-10	"'民族文化与马克思主义大众化研究'全国博士后论坛"在桂林举行	6月10日,"'民族文化与马克思主义大众化研究'全国博士后论坛"在桂林广西师范大学举行。本次论坛由全国博士后管理委员会办公室、中国博士后科学基金会、广西壮族自治区人力资源和社会保障厅联合主办,广西师范大学博士后管理委员会、马克思主义学院承办。来自全国20余省市的60余位专家、学者和博士后参加论坛。
15	2017-6-14	中国博士后科学基金业务培训班在昆明举办	6月14-17日,中国博士后科学基金会会同中国高级公务员培训中心在昆明举办业务培训班,来自全国25个省(市、区)的103家设站单位的142名学员参加。
16	2017-6-20	第37批中国博士后科技服务团(江西赣州行)活动启动	6月20-23日,由全国博士后管理委员会办公室、中国博士后科学基金会、江西省人力资源和社会保障厅主办的第37批中国博士后科技服务团(江西赣州行)在赣州市举行。来自中国科学院等知名高校和科研院所的15名博士后与江西青峰药业有限公司等10家企业的14个科技项目开展交流洽谈和技术服务。

续表

序号	时间	主题	主要内容
17	2017-6-23	"'食物与健康'全国博士后学术论坛"在青岛举行	6月23-25日,"'食物与健康'全国博士后学术论坛"在山东省青岛市青岛大学国际学术交流中心举行。本次论坛由全国博士后管理委员会办公室、中国博士后科学基金会、山东省人力资源和社会保障厅主办,青岛大学承办。来自北京大学等20余所高校、科研机构的300余名专家、学者、博士后参加论坛。
18	2017-6-26	"2017年海峡两岸植物保护博士后论坛"在福州举行	6月26-27日,"2017年海峡两岸植物保护博士后论坛"在福州举行。本次论坛由中国博士后管理委员会办公室、中国博士后科学基金会、福建省人力资源和社会保障厅、福建省科学技术协会联合主办,福建农林大学植物保护学院、福建农林大学研究生院、闽台作物有害生物生态防控国家重点实验室、福建省昆虫学会、福建省植物病理学会和福建省植物保护学会联合承办,中兴大学、台湾大学和嘉义大学协办。来自海峡两岸从事植物保护及相关学科的专家、学者、博士后参加论坛。
19	2017-6-30	第38批中国博士后科技服务团(河南驻马店行)活动启动	6月30日,由全国博士后管理委员会办公室、中国博士后科学基金会、河南省人力资源和社会保障厅主办的第38批中国博士后科技服务团(河南驻马店行)在驻马店举行。

续表

序号	时间	主题	主要内容
20	2017-7-2	2017年度第二届博士（后）中国创新发展高峰论坛在合肥召开	7月2日，2017年度第二届博士（后）中国创新发展高峰论坛在中国合肥解放军电子工程学院学院交流中心召开。本次论坛由安徽大学、中合博士后智库科学研究院主办，安徽大学商学院、安徽大学创新管理研究中心等多部门联合承办。40多位博士（后）、专家、学者参与并发表演讲。
21	2017-7-8	"2017年度全国海洋资源开发与利用博士后学术论坛"在杭州召开	7月8-9日，"2017年度全国海洋资源开发与利用博士后学术论坛"在浙江大学舟山校区举行。本次论坛由全国博士后管理委员会办公室、中国博士后科学基金会、浙江省人力资源和社会保障厅主办；浙江大学、浙江大学舟山海洋研究中心、舟山市人力资源和社会保障局和舟山市人才工作领导小组办公室共同承办。来自全国20多所高校、科研院所的博士后、博士后工作管理人员以及舟山市博士后设站单位负责人和浙江省博士后联谊会相关专家近100人参加本次论坛。

续表

序号	时间	主题	主要内容
22	2017-7-8	"首届全国人才学博士后论坛"在沪举行	7月8日,"《聚天下英才而用之》新书发布会暨首届全国人才学博士后论坛"在上海举行。论坛由中国社会科学院、全国博士后管理委员会、中国博士后科学基金会主办,中国社会科学院人事教育局、中国社会科学院博士后管理委员会、中共上海市市委宣传部、中国社会科学院上海市人民政府上海研究院、中国社会科学院人口与劳动经济研究所、中国社会科学出版社、党建读物出版社承办。
23	2017-7-11	"2017年度上海法学博士后论坛"在上海召开	7月11日,"'法学视野、城市视角与法理现代化'2017年度上海法学博士后论坛"在上海交通大学凯原法学院202会议室举行。本次论坛由上海交通大学凯原法学院和上海交通大学人力资源处联合主办。上海市内外的法学博士后青年学者参加论坛。
24	2017-7-16	"全国首届工商管理博士后论坛"在海口召开	7月16-17日,"全国首届工商管理博士后论坛"在海南大学举办。本次论坛由中国社会科学院、全国博士后管理委员会、中国博士后科学基金会共同举办;中国社会科学院博士后管理委员会、中国社会科学院工业经济研究所和海南大学共同承办。来自全国高校及科研院所的70多位专家学者出席论坛。

续表

序号	时间	主题	主要内容
25	2017-7-25	中国博士后科技服务团（宜昌行）活动启动	7月25日，中国博士后科技服务团（宜昌行）活动启动。全国15所高校的15名博士后与宜昌市12家企事业单位开展项目对接。
26	2017-8-3	中国博士后科学基金会理事会换届会议在京召开	8月3日，中国博士后科学基金会理事会换届会议暨第六届理事会第一次会议在京召开。会议产生了第六届理事会组成人员，同时选举产生了第六届理事会领导，国家自然科学基金委员会第六届理事会主任杨卫院士任第六届理事会理事长。
27	2017-8-25	"第七届中国应用法学博士后论坛"在北京召开	8月25日，中国应用法学研究所"第七届中国应用法学博士后论坛"在京召开。
28	2017-8-26	"第六届中国法学博士后论坛"在京召开	8月26日，由中国社会科学院、全国博士后管理委员会、中国博士后科学基金会共同主办，中国社会科学院博士后管理委员会、中国社会科学院法学研究所和最高人民法院中国应用法学研究所联合承办的"第六届中国法学博士后论坛"在京召开。此次论坛主题为"回顾与展望：开创法治中国建设新局面"，全国法学界、法律界的专家学者和法学博士后160余人参加论坛。

续表

序号	时间	主题	主要内容
29	2017-9-11	"中国—东盟特色作物种质创新与农业发展全国博士后学术论坛"在南宁举行	9月11日,"中国—东盟特色作物种质创新与农业发展全国博士后学术论坛"在广西南宁举行。本次论坛由全国博士后管理委员会办公室、中国博士后科学基金会、广西壮族自治区人力资源和社会保障厅主办,广西农业科学院承办。
30	2017-9-18	"'一带一路'建设背景下外国语言与文化研究全国博士后学术论坛"在长沙举行	9月18日,2017年"'一带一路'建设背景下外国语言与文化研究全国博士后学术论坛"在湖南师范大学外国语学院举行。本次论坛由全国博士后管理委员会办公室、中国博士后科学基金会、湖南省人力资源和社会保障厅主办,湖南师范大学承办。来自全国近20所高校的多位博士后参加论坛。
31	2017-9-27	"全国医药类博士后医药城科技行"活动在泰州启动	9月27日,"全国医药类博士后医药城科技行"活动在泰州启动。本次活动由全国博士后管理委员会办公室、中国博士后科学基金会、江苏省人力资源和社会保障厅、泰州医药高新区管委会主办,泰州医药园区管委会、泰州医药高新区人力资源和社会保障局承办。来自中国中医科学院、上海交通大学等单位的37名博士后携带项目在泰州高新区医药城进行项目对接和路演推介。

续表

序号	时间	主题	主要内容
32	2017-9-28	2017中国博士后科技服务团（四川德阳行）活动在德阳市启动	9月28日，2017中国博士后科技服务团（四川德阳行）活动启动仪式在四川德阳市举行。本次中国博士后科技服务团活动是由中国博士后管理委员会办公室、中国博士后科学基金会联合组建。来自浙江大学等国内著名大学、科研院所的15名博士后参加本次活动。
33	2017-10-13	"海洋科技与地球系统科学博士后论坛及博士后管理工作分论坛"在上海举行	10月13日，"海洋科技与地球系统科学博士后论坛及博士后管理工作分论坛"在上海同济大学举行。本次论坛由上海市博士后工作办公室、同济大学博士后管理办公室共同主办，同济大学海洋地质国家重点实验室承办。来自海内外32家单位的80余名博士后、青年学者与上海市16所高校（研究所）的23名博士后工作管理人员参加论坛。
34	2017-10-14	"国家自主创新示范区建设与政府治理创新"全国公共管理博士后论坛在郑州举行	10月14日，"国家自主创新示范区建设与政府治理创新"全国公共管理博士后论坛在郑州举行。本次论坛由全国博士后管理委员会办公室、中国博士后科学基金会、河南省人力资源和社会保障厅主办，郑洛新国家自主创新示范区承办。来自全国相关领域的专家学者、河南省在站博士后等200余人参加本次论坛。

续表

序号	时间	主题	主要内容
35	2017-10-14	"第三届全国博士后'数字人才'学术交流"活动在南京举行	10月14日,"第三届全国博士后'数字人才'学术交流活动"在南京航空航天大学举行。本次论坛由全国博士后管理委员会办公室、中国博士后科学基金会、江苏省人力资源和社会保障厅主办,南京航空航天大学承办。来自全国的相关专家、学者、博士后和行业代表参加学术交流活动。
36	2017-10-16	"肿瘤标志物与液体活检专题博士后学术论坛"在长沙举行	10月16日,"肿瘤标志物与液体活检专题博士后学术论坛"在河南大学举行。本次论坛由河南大学药学院和肿瘤标志物与液体活检实验室共同主办。200多名校内外专家、师生代表参加论坛。
37	2017-10-20	"2017年紫金山天文台—上海天文台博士后学术会议"在上海举行	10月20-22日,"2017年紫金山天文台—上海天文台博士后学术会议"在上海天文台佘山科技园举行。来自紫金山天文台和上海天文台的数十名博士后和青年研究人员参加会议。
38	2017-10-21	"2017年地球科学创新发展与应用全国博士后学术论坛"在长春举行	10月21-22日,"2017年地球科学创新发展与应用全国博士后学术论坛"在吉林大学举行。本次论坛由全国博士后管理委员会办公室、中国博士后科学基金会、吉林省人力资源和社会保障厅主办,吉林大学、东北亚生物演化与环境教育部重点实验室和油页岩与共生能源矿产吉林省重点实验室共同承办。来自北京大学等17所高校和科研机构的近百名地质学及相关领域专家、学者和博士后参加论坛。

续表

序号	时间	主题	主要内容
39	2017-10-22	"2017年全国等级公路维护、重建与改建工程技术博士后论坛"在西安举办	10月22日,"2017年全国等级公路维护、重建与改建工程技术博士后论坛"在陕西西安举办。论坛由全国博士后管理委员会办公室、中国博士后科学基金会、陕西省人力资源和社会保障厅主办,长安大学、西安高新技术产业开发区管委会、中交通力建设股份有限公司承办。来自全国各地道路交通方面的专家学者、博士后、陕西省博士后管理人员共200余人参加论坛。
40	2017-10-25	"全国能源与环境领域博士后论坛"在合肥举行	10月25-27日,"全国能源与环境领域博士后论坛"在合肥举行。本次论坛由全国博士后管理委员会办公室、中国博士后科学基金会、中国科学院人事局主办,安徽人力资源和社会保障厅、中国科学院博士后联谊会、中国科学院合肥物质科学研究院承办。来自全国的130多位博士后参加论坛。
41	2017-11-7	"建筑遗产保护与协同创新学术研讨会"在京举行	11月7-8日,2017年全国博士后学术交流会暨"建筑遗产保护与协同创新学术研讨会"在北京建筑大学大兴校区举行。交流会由全国博士后管理委员会办公室、中国博士后科学基金会、北京市人力资源和社会保障局主办,北京建筑大学承办。来自国内外36家机构的知名专家、学者,200余位博士后、博士生及青年科研人员参加交流会。

续表

序号	时间	主题	主要内容
42	2017-11-10	"2017中外博士后制度研讨会"在珠海召开	11月10-11日,"2017中外博士后制度研讨会"在珠海横琴召开。本次论坛由全国博士后管理委员会办公室、中国博士后科学基金会、珠海横琴新区博士后管理办公室主办,珠海大横琴科技发展有限公司承办。来自10余个国家的近百名专家、学者和国内博士后工作管理人员参加了研讨会。
43	2017-11-25	"豫鄂陕宋史青年学者博士后论坛"在郑州举行	11月25日,"豫鄂陕宋史青年学者博士后论坛"在河南大学历史文化学院举行。本次论坛由河南大学历史文化学院主办,来自武汉大学等16所高校的30余位青年学者参加论坛。
44	2017-12-6	"2017年香江学者计划联席会议"在厦门召开	12月6日,全国博士后管理委员会办公室、中国博士后科学基金会和香港学者协会、京港学术交流中心在厦门市召开"2017年香江学者计划联席会议"。
45	2017-12-6	第二届香江学者计划学术年会在厦门大学召开	12月6-7日,第二届香江学者计划学术年会在厦门大学召开。年会由全国博士后管理委员会办公室、中国博士后科学基金会主办,厦门大学承办。来自内地及香港高校的知名学者云集,香江学者计划获得者近150人参加本次年会。

续表

序号	时间	主题	主要内容
46	2017-12-19	2017年"未来已来——拥抱人工智能的第四次浪潮"全国博士后学术论坛在横琴举行	12月19日,2017年"未来已来——拥抱人工智能的第四次浪潮"全国博士后学术论坛在广东省珠海市横琴新区举行。论坛由全国博士后管理委员会办公室、中国博士后科学基金会、广东省人力资源和社会保障厅主办,横琴新区博士后管理办公室、珠海大横琴科技发展有限公司承办。来自国内外相关领域专家、学者、博士后近140人参加论坛。
47	2017-12-19	"博士后创新人才支持计划工作座谈会"在横琴举行	12月19日,"博士后创新人才支持计划工作座谈会"在厦门横琴举行。座谈会由全国博士后管理委员会办公室、中国博士后科学基金会主办。共有代表近60人参加了座谈会。
48	2017-12-20	"第45批中国博士后科技服务团(广东横琴行)活动"启动	12月20日,"第45批中国博士后科技服务团(广东横琴行)活动"启动仪式在广东珠海市横琴新区举行。本次活动是由中国博士后管理委员会办公室、中国博士后科学基金会、广东省人力资源和社会保障厅主办,珠海大横琴科技发展有限公司承办。珠海市10家企业最终成功对接博士后及有关专家28人,对接项目35项。

续表

序号	时间	主题	主要内容
49	2017-12-23	"西北农林科技大学第四届博士后学术年会"在兰州举行	12月23日,"西北农林科技大学第四届博士后学术年会"在西北农业科技大学学术交流中心举行。来自西北农林科技大学13个博士后流动站的200余名博士后参加年会。

附录3
博士后管理工作规定

博士后管理工作规定

国人部发〔2006〕149号

第一章 总 则

第一条 为保证博士后事业持续健康发展,加强博士后管理工作,制定本规定。

第二条 博士后制度是指在高等院校、科研院所和企业等单位设立博士后科研流动站(以下简称流动站)或博士后科研工作站(以下简称工作站),招收获得博士学位的优秀青年,在站内从事一定时期科学研究工作的制度。

国家建立博士后制度,旨在吸引、培养和使用高层次特别是创新型优秀人才,建立有利于人才流动的灵活机制,促进产学研结合。

第三条 本规定所称流动站是指在高等院校或科研院所具有博士授予权的一级学科内,经批准可以招收博士后研究人员的组织。

本规定所称工作站是指在具备独立法人资格的企业等机构内,经批准可以招收博士后研究人员的组织。

在流动站或工作站从事研究工作的人员称为博士后研究人员(以下简称博士后人员)。

第四条 博士后管理工作坚持政府主导与社会参与相结合的原则,坚持公开、平等、竞争、择优的原则,注重提高质量,稳步扩大规模,健全完善制度。

第二章 管理机构

第五条 人事部是全国博士后工作综合管理部门,负责制定博士后工作的政策、规章、规划,并组织实施。

全国博士后管理委员会由国务院人事、科技、教育、财政等有关部门的负责人和有关专家组成,负责对全国博士后工作中的重大问题进行研究和协调。全国博士后管理委员会办公室设在人事部专业技术人员管理司。

第六条 省、自治区、直辖市政府人事部门管理本地区博士后工作,建立由人事部门牵头,有关单位和专家组成的博士后管理协调机制,结合本地区的实际情况,研究制定符合本地区特点的博士后发展规划和配套政策、措施。经人事部批准,省、自治区、直辖市博士后管理部门可承担本地区的博士后设站申报、博士后工作评估、博士后人员进出站手续办理,并向人事部登记注册等事宜。

国务院有关部委及直属事业单位的人事部门可按有关规定制定配套政策、措施,负责本部委及直属机构博士后工作的指导、协调和监督。

第七条 设有流动站、工作站的单位(以下简称设站单位),制定博士后具体管理办法,配备专门的管理人员,负责本单位博士后管理工作。

第三章 流动站和工作站的设立

第八条 根据国家经济社会发展需要和博士后工作发展规划,开展增设流动站、工作站工作,一般每两年开展一次。

第九条 高等院校和科研院所申请设立流动站,应当具备以下基本条件:

1. 具有相应学科的博士学位授予权,并已培养出一届以上的博士毕业生;

2. 具有一定数量的博士生指导教师;

3. 具有较强的科研实力和较高的学术水平，承担国家重大研究项目，科研工作处于国内前列，博士后研究项目具有理论或技术创新性；

4. 具有必需的科研条件和科研经费，并能为博士后人员提供必要的生活条件；

具有博士学位一级学科授予权、建有国家重点实验室的学科和国家重点学科可优先设立流动站。

第十条　企业、从事科学研究和技术开发的事业单位、省级以上高新技术开发区、经济技术开发区和留学人员创业园区申请设立工作站，应当具备以下基本条件：

1. 具备独立法人资格，经营或运行状况良好；

2. 具有一定规模，并具有专门的研究与开发机构；

3. 拥有高水平的研究队伍，具有创新理论和创新技术的博士后科研项目；

4. 能为博士后人员提供较好的科研条件和必要的生活条件。

建有省级以上研发和技术中心，承担国家重大项目的单位可优先设立工作站。

第十一条　流动站的设立，由拟设站单位提出申请，各省、自治区、直辖市人事部门或国务院有关部委及直属机构人事部门审核汇总后报人事部。经专家评审委员会评审，由人事部和全国博士后管理委员会审核批准。

第十二条　工作站的设立，由拟设站单位提出申请，各省、自治区、直辖市人事部门或国务院有关部委及直属机构人事部门组织初评后报人事部。经专家评议，由人事部审核批准。

第四章　博士后人员的招收

第十三条　具有博士学位，品学兼优，身体健康，年龄一般在四十周岁以下的人员，可申请进站从事博士后研究工作。

第十四条　申请从事博士后研究工作的人员，应当向设站单位提出书面申请，提交证明材料。委托培养、定向培养、在职工作以及具有现役军人身份的人员申请从事博士后研究工作，应当向设站单位提交其委托单位、定向培养单位、工作单位或者所在部队同意其脱产从事博士后研究工作的证明材料。

在职人员不得兼职从事博士后研究工作。

第十五条　设站单位应面向社会公开招收博士后人员，要对申请者的科研能力、学术水平和已取得的科研成果进行严格审核，采用考核、考试、答辩等形式择优招收。

设站单位应与博士后人员签订协议，明确双方的权利、义务以及工作目标、课题要求、在站工作期限、产权成果归属、违约处罚等。

第十六条　设站单位按有关规定在人事部博士后管理部门或有关省、自治区、直辖市人事部门办理博士后人员进站和户口迁落等有关手续。

申请到军队设站单位从事博士后研究工作的人员凭军队博士后管理机构的审批通知，按上述程序办理。

第十七条　除经人事部博士后管理部门批准的特殊情况外，申请人不得进入授予其博士学位的单位同一个一级学科流动站从事博士后研究工作。

第十八条　对承担国家重大科研项目的非设站单位或已设站单位的非设站学科，经人事部博士后管理部门批准可以依托国家重大科研项目，招收项目博士后人员。

第十九条　工作站应与流动站联合招收、培养博士后人员，合作双方应当按照优势互补、互惠互利、保证质量、共同受益的原则签订协议书，明确双方及相关博士后人员的权利和义务。流动站应向工作站提供科研支持和专家指导，帮助工作站做好确定博士后研究项目、招收博士后人员等联合招收工作。以工作站为主做好联合招收博士后研究人员工作，并视导师指导和设备试验等情况向流动站支付一定费用，费用数额由双方协商确定。联合招收的博士后人员在工作站所在省、自治区和直辖市办理博士后研究人员进出站手续。

学术、技术实力强，具备独立培养博士后人员能力的工作站，经人事部博士后管理部门批准可以单独招收博士后人员。

第五章 博士后人员的管理

第二十条 各设站单位应建立在站博士后人员的考核指标体系，以及博士后人员进站招收、中期考核和出站考核制度。制定对博士后人员目标管理、绩效评价、奖励惩处等具体管理办法，对博士后人员进行定期考核。对研究成果突出、表现优秀的博士后人员，应当给予适当的表彰和奖励；对中期考核不合格的博士后人员予以劝退和解约。

第二十一条 各设站单位应将博士后人员纳入本单位人事管理范围，其人事、组织关系、福利待遇等比照本单位同等人员对待，或按协议执行。博士后人员实行岗位绩效工资制度。

第二十二条 博士后人员应与设站单位职工享受同等的医疗保障待遇，所需资金的筹集应当执行设站单位职工医疗保障资金的筹集办法。

第二十三条 博士后人员进站报到后，可在设站单位所在地落常住户口，凭人事部博士后管理部门或有关省、自治区、直辖市人事部门介绍信和其他有效证明材料，到公安户政管理部门办理户口迁出和落户手续，其配偶及未成年子女可以随其流动，按有关规定到当地公安派出所办理暂住手续。

第二十四条 博士后人员在站期间，可以凭人事部博士后管理部门或有关省、自治区、直辖市人事部门的介绍信，在其子女暂住户口所在地办理入幼儿园、上小学和初中，报考（转入）高中以及报考高等院校或中等专业学校等事宜，享受当地常住户口居民的同等待遇。

第二十五条 博士后人员在站工作时间为两年，一般不超过三年。承担国家重大项目，获得国家自然科学基金、国家社会科学基金等国家基金资助项目或中国博士后科学基金特别资助项目的博士后人员，如需延长在站时间，经设站单位批准后，可根据项目和课题研究的需要适当延长。

博士后人员工作期满后应按时出站，确有需要可转到另一个流动站或工作站从事博士后研究工作。博士后人员从事博士后研究工作最长不超过六年。

第二十六条　博士后人员在站期间，根据研究项目需要，经设站单位批准，可以到国外开展合作研究、参加国际学术会议或进行短期学术交流，时间一般不超过三个月。经设站单位批准，可根据项目情况适当延长。

第二十七条　博士后人员的研究成果归属，依照国家有关知识产权的法律、法规办理。

第二十八条　博士后人员期满出站前，设站单位可以根据其在站期间的科研能力、学术水平、工作成果，对其提出专业技术职称评定意见或建议。

第二十九条　博士后人员工作期满，须向设站单位提交博士后研究报告（以下简称报告）和博士后工作总结等书面材料，报告要严格按照格式编写。设站单位应将报告报送国家图书馆。博士后人员出站时，设站单位要及时组织有关专家对其科研工作、个人表现等进行评定，形成书面材料归入其个人档案。

第三十条　对出站考核合格的博士后人员，由人事部和全国博士后管理委员会颁发博士后证书。

第三十一条　博士后人员期满出站，到人事部博士后管理部门或有关省、自治区、直辖市办理出站手续。凭人事部博士后管理部门或有关省、自治区、直辖市人事部门的介绍信和其他有效证明材料，到当地公安户政管理部门办理本人及配偶和未成年子女的户口迁出和落户手续。

第三十二条　博士后人员工作期满出站，除有协议的以外，其就业实行双向选择、自主择业。各级政府人事部门和设站单位要为出站博士后人员的合理使用创造条件，做好出站博士后人员的就业引荐等服务工作。

第三十三条　博士后人员在站期间，有下列情形之一者，应予退站：

1. 考核不合格的；
2. 在学术上弄虚作假，影响恶劣的；
3. 受警告以上行政处分的；
4. 无故旷工连续15天或一年内累计旷工30天以上的；
5. 因患病等原因难以完成研究工作的；
6. 出国逾期不归超过30天的；
7. 其他情况应予退站的。

第三十四条　退站的博士后人员，不享受国家对期满出站博士后人员规定的相关政策，其户口迁落和有关人事关系手续由人事部博士后管理部门或有关省、自治区、直辖市人事部门办理。

第三十五条　加强对博士后工作管理人员进行业务培训，以做好博士后管理工作。

第六章　博士后日常经费和公寓管理

第三十六条　博士后日常经费是用于博士后人员日常生活和日常公用的专项经费，主要来源于中央财政拨款、地方财政拨款和设站单位筹资。

第三十七条　人事部和财政部确定国家资助博士后日常经费标准，制订国家日常经费资助年度计划。各省、自治区、直辖市和设站单位资助招收博士后人员，其日常经费标准参照国家规定的博士后日常经费标准。

第三十八条　留学博士回国从事博士后研究工作，国家按照博士后日常经费标准给予专门资助。

第三十九条　博士后日常经费由设站单位统一管理，单独立账，专款专用。对国家下拨的博士后日常经费，设站单位博士后工作主管部门可以提取不高于博士后日常经费总额的3%，作为博士后管理工作经费。

第四十条　人事部和各省、自治区、直辖市人事部门负责对其下拨的博士后日常经费的管理、使用情况进行检查和监督，对违反规定使用不当的，按照有关财务规定处理。

第四十一条　国家、地方和设站单位共同出资，在设站单位和在站博士后人员数量较多的城市集中建造博士后公寓。有条件的设站单位也可自筹经费建造博士后公寓。

第四十二条　有关省、自治区、直辖市和设站单位应根据当地的实际情况制定博士后公寓管理办法。博士后公寓是在站博士后人员居住的专门住房，不得挪作他用。博士后出站时，应及时从博士后公寓中迁出。

第七章　评估和表彰

第四十三条　人事部和全国博士后管理委员会统一组织全国博士后工作评估。评估工作一般每三年进行一次。

第四十四条　人事部和全国博士后管理委员会负责制定评估办法和评估指标体系，各省、自治区、直辖市和国务院有关部委、直属机构人事部门按照人事部和全国博士后管理委员会的要求，负责组织实施本地区、本部门博士后工作评估，并将评估情况报人事部。

第四十五条　人事部、全国博士后管理委员会根据评估结果，划分评估等级并予以公布。对管理工作优秀的流动站和工作站进行表彰；对管理不善、评估不合格、不具备设站条件的流动站和工作站视情况予以警告、限期整改直至撤销，并向社会公布。

第四十六条　人事部博士后管理部门或有关省、自治区、直辖市人事部门对受到警告并限期整改的设站单位在制度建设、组织机构、博士后人员在站管理等方面进行专门的指导和帮助，并在整改期满时组织考核，将考核结果报人事部。人事部和全国博士后管理委员会根据考核结果作出撤销警告或撤销设站资格的决定，并向社会公布。

撤销的流动站和工作站三年后方可重新申请设立流动站和工作站。申报程序见本规定第九条、第十条。

第四十七条　对在科学技术、教育事业和经济建设中做出突出贡献的优秀博士后人员，人事部和全国博士后管委会通过组织开展全国优秀博士后评选活动进行表彰。

第四十八条　各省、自治区、直辖市人事部门应加强日常管理，做好评估和表彰工作，对优秀的流动站和工作站给予奖励，对存在问题的设站单位及时给予指导和帮助。各设站单位应结合本单位实际情况，建立必要的日常管理和检查制度。

第八章　科研资助

第四十九条　国家设立中国博士后科学基金，为博士后人员开展科研工作提供资助。基金主要来源于中央财政拨款，同时接受国内外各种机构、团体、单位或个人的捐赠。

第五十条　博士后科学基金设普通资助和特别资助两种方式。普通资助是对博士后人员从事自主创新研究的科研启动或补充经费；特别资助是为鼓励博士后人员增强创新能力，对在站期间取得重大科研成果和研究能力突出的博士后人员的资助。

第五十一条　中国博士后科学基金资助按照《中国博士后科学基金资助条例》和配套办法执行。

第五十二条　各地方政府和中央有关部门的人事（干部）部门，以及博士后设站单位应对获得中国博士后科学基金资助的博士后人员给予配套资助。

第九章　职业道德建设

第五十三条　加强对博士后人员的爱国主义教育，引导他们树立良好的职业道德，淡泊名利，潜心钻研，自由探索，锐意创新。

第五十四条　加强对博士后人员知识产权保护法律意识的培养，严格遵守知识产权保护的法律法规，尊重他人的研究成果和权益。创造尊重和保护知识产权的法治环境，依法申报知识产权，促进科技成果转化。

第五十五条 各设站单位应为博士后人员营造尊重个性、学术民主、鼓励探索、支持创新、容许失败的宽松和谐环境，形成有利于优秀青年人才脱颖而出的机制。

第五十六条 博士后人员应坚持实事求是的科学精神和严谨求实的治学态度，加强学术道德自律，反对学术上弄虚作假的浮躁浮夸作风，坚决抵制学术腐败和欺骗行为。

第十章 附 则

第五十七条 各省、自治区、直辖市人事部门，国务院有关部委、直属机构人事部门以及设站单位应结合本地区、本部门实际情况，并按照本规定制定具体实施办法。

第五十八条 本规定由人事部负责解释。

第五十九条 本规定自 2007 年 1 月 1 日起施行。2002 年 2 月 1 日施行的《博士后管理工作规定》同时废止。此前有关规定凡与本规定不一致的，按本规定执行。

人事部

全国博士后管委会

二〇〇六年十二月二十九日

后 记

本部《博士后发展年度研究报告》的完成，意味着五年前设计的一年一本、为期五年的研究计划执行结束。现在心中负担放下来些，之前没完成时，总是感觉该做的事情没有完成。但现在完成后，又有些惆怅，毕竟关注博士后制度这一领域是自己从 2003 年就开始，至今已有 15 个年头。这期间，发表论文至少 20 篇，出版书籍 6 部，提供政策咨询报告多份；同时，也多次参与全国博士后管理委员会和中国博士后科学基金会的年度绩效评估、政策咨询等活动。为了更好地开展研究工作，还成立了全国第一家"博士后研究与评估中心"。今后如何对中国博士后制度发展献言献策、如何进一步开展研究，现在心里还没有底，但可以肯定的是，我们会一直关注中国博士后制度。这一制度对年轻人才成长十分重要，而且自己多年前也是中国博士后的一员，对中国博士后制度有感恩也充满感情。

本着文责自负的原则，写出各章撰写人：第一章：姚云、方芳、吴敏；第二章：吴宗聪；第三章：刘雪倩；第四章：苏原正；附录：姚云。

最后，感谢北京师范大学教育学部高等教育研究院的领导；感谢国家博士后管理委员会和中国博士后科学基金会的领导；感谢国家自然科学基金会的领导；感谢学苑出版社任彦霞女士。

姚　云
2018 年 12 月于北京师范大学英东楼 850